Avertissement

Tous droits réservés ©

La copie de ce fichier est autorisée pour un usage personnel et privé. Toute autre représentation ou reproduction intégrale ou partielle, sur quelque support que ce soit, de cet ouvrage sans le consentement de l'auteur ou de ses ayants droit ou ayants cause, est interdite (Art. L122-4 et L122-5 du Code de la Propriété intellectuelle).

Toute diffusion illégale de ce fichier peut donner lieu à des poursuites.

Éditions Ambany Tany

editionsambanytany@yahoo.com

« D'autres grands Rishis ont écrit abondamment sur ces sujets. Je n'ai donné qu'un résumé de leurs œuvres. Que les sages excusent mes fautes, s'il y en a, dans mes travaux. Mon but est seulement d'aiguiser et de stimuler leur intellect.

Si l'ouvrage en souffre, le lecteur doit corriger les erreurs après avoir consulté les savants. Il se peut que j'aie commis des erreurs par négligence ou par méconnaissance des textes originaux. Le lecteur doit les corriger. Je n'ai ni envie ni jalousie méchante. »

Varahamihira, Brihat Jataka, Chap 28: 7-8

Fabien Waibel

Jaimini Sutras

Un essai de traduction

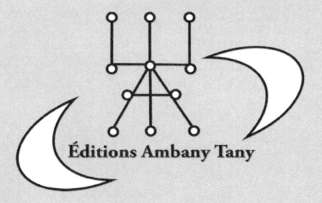

Éditions Ambany Tany

Sommaire

Introduction au Jaimini Sutras 2

Glossaire 6

Mon essai de traduction 19

    Pada 1 19

    Pada 2 39

    Pada 3 56

    Pada 4 65

Annexe 1 : Forces d'une planète et d'un signe 93

    1. Forces des planètes (Balas Grahas)...93

    2. Puissance des signes..95

Annexe 2 : Périodes et sous-periodes dans le système Jaimini 98

    1. Chara dasha 99

    2. Trikona dasha 108

    3. Sthira dasha 110

    4. Narayana dasha selon Sanjay Rath..112

    5. Nirayana shoola dasha (NSD) 115

Annexe 3 : Interprétation d'une période/sous-période d'un signe (Chara dasha /Parashara)...............118

Références..122

Introduction au Jaimini Sutras

Le Jaimini Sutras, également appelé Upadesa Sutras est un ancien texte sanskrit traitant la partie prédictive de l'astrologie hindoue. Ce texte fut attribué à Maharishi Jaimini, le fondateur de la branche Purva Mimamsa de la philosophie hindoue, disciple de Rishi Vyasa et petit-fils de Parashara, un fondateur de l'astrologie védique avec Varahamihira. Le Jaimini Sutras comprend neuf cent trente-six sutras ou aphorismes qui peuvent être classés comme suit. Je vous décris seulement les points essentiels.

✓ L'Adhyaya 1 et le pada 1 (Chapitre 1, Partie 1) concernent:

- La définition des termes astrologiques utilisés.

- Les aspects des planètes et des signes zodiacaux.

- Les différences de principes dans l'astrologie et leur réconciliation.

- L'étude des significateurs généraux et particuliers.

- Les mathématiques en astrologie.

- Les mauvaises influences des astres et leurs remèdes.

- L'Atmakaraka ou le significateur du Soi, le Naisargikakaraka ou le significateur fixe (permanant) pour Rahu et Ketu.

- Les effets de l'Atmakaraka (AK), de l'Amatyakaraka (AmK) ou du significateur du ministre (conseiller), Bhratrukaraka (BK) ou significateur du frère, Matrukaraka (MK) ou significateur de la mère, Putrakaraka (PK) ou significateur du fils, Gnatikaraka (GK) ou significateur des cousins, ennemis, rivaux et Darakaraka (DK) ou significateur du partenaire (épouse/mari).

- La signification des planètes, rasi (signe), période des signes et de leurs effets.

- L'Arudha ou Pada Lagna, Varnada Lagna, Ghatika Lagna, Bhava Lagna, Chandra Lagna, Hora Lagna et leurs utilisations.

✓ Adhyaya 1 et Pada 2 (Chapitre 1, Partie 2) concernent :

- L'Atmakaraka dans les différents Navamsas.

- Les planètes en conjonction avec l'Atmakaraka.

- Le Gulikakala ou la période pendant laquelle Gulika ou le fils de Saturne agit.

- Les maîtres du temps dans une journée.

- Les divisions zodiacales (Hora ou D-2, Drekkana ou D-3, Navamsa ou D-9, Dwadashamsa ou D-12 et le Thrimsamsa ou D-30) expliquées selon l'astrologue Varahamihira.

- Les planètes aspectant l'Atmakaraka dans le Navamsa durant la période du fils de Saturne.

- Les Effets des planètes dans les diverses maisons comptées depuis le Karakamsa et leurs significations.

- Le Kemadruma Yoga ou combinaison créant l'exagération.

  ✓ L' Adhyaya et le Pada 3 (Chapitre 1, Partie 3) traitent les points suivants:

- Les planètes dans les diverses maisons comptées depuis le Pada Lagna et leurs résultats.

- Les combinations créant la royauté et la pauvreté.

  ✓ Adhyaya 1 et le Pada 4 (Chapitre 1, Partie 4) évoquent:

- La notion d' Upapada Lagna et ses résultats.

- Les combinaisons créant diverses maladies.

- Les questions inhérentes aux enfants.

- La Mort des frères et des soeurs.

- Le mutisme, le bégaiement, le teint, les tendances religieuses, l'adultère, le leadership dans la communauté.

- Les 33 crores (Tridasha) de divinités.

- La notion de Nigraha et Anugraha.

- Les Mahamantras ou incantations bénéfiques.

- Le Kshudramantras ou incantations maléfiques.

  ✓ L'Adhyaya 2 et Pada 1 (Chapitre 2, Partie 1) mettent en exergue:

- La détermination de la longévité.

- Les combinaisons créant la longévité (longue, moyenne et courte).

- La réconciliation des différents systèmes de determination de la longévité.

- Les Karaka, Kakshya, Hrasa yogas ou combinaison créant la dégradation.

- Les concepts suivants : Dwara Rasi, Dwara Rasi, Dwarabahya Rasi et Pakabhoga Rasi.

- Les combinations favorables à la vitalité.

- Le Viparita yoga ou combinaison créant l'exeption.

- Le Karaka yoga et Kartari yoga.

- Les trois sortes de longévités : Alpayu, Madhyayu et Purnayu.

- L'explication et les résultats de Rudra, Maheswara et Brahma.

   ✓ L' Adhyaya 2 et le Pada 2 (Chapitre 2, Partie 2) concernent:

- Les planètes provoquant la mort de la mère et du père dans les Shoola Dashas.

- Les combinaisons produisant les décès dus au mécontentement des gouvernements.

- Les différents types de maladies.

- Les piqûres d'insectes.

L'Adhyaya 2 et le Pada 3 (Chapitre 2, Partie 3) traitent:

- Les sthira , navamasna, prana dashas.

- Les combinaisons formant le décès des oncles, des cousins et des autres familles dans les Shoola dashas.

- L'explication des Shoola dashas.

   ✓ L' Adhyaya 2 et Pada 4 (Chapitre 2, Partie 4) mettent en évidence:

- Les Bhoga Dashas et Paka Dashas.

- Les combinaisons créant les emprisonnements et les décès dans Purusha et Stri Rasis.

- Les Yogardha, Drig et Trikona dashas.

En outre, l'astrologie de Jaimini est une branche unique et fascinante de l'astrologie indienne. Bien qu'elle soit en partie, un commentaire du Brihat Parashara Hora Shastra, elle est différente du système Parashara. Il est triste qu'un système aussi merveilleux ne soit pas largement utilisé par les astrologues.

La méthode fournie par l'astrologie de Jaimini permet de déterminer la date des événements et de donner des prédictions lorsque l'heure de naissance n'est pas précise.

Le système Jaimini reste unique. Il est différent du système classique issu de Parashara. Le système Jaimini a ses avantages. Lorsqu'un astrologue combine les deux systèmes, il peut avoir une compréhension plus large de l'astrologie.

Il existe quelques différences fondamentales entre les systèmes Jaimini et Parashara, qui sont énumérées ci-dessous. D'une certaine manière, ce ne sont pas courants différents, mais des approches différentes.

1. Les aspects sont basés sur les signes et non sur les planètes. Les aspects des planètes avec leur signe et non indépendamment.

2. Les significateurs ou karakas sont fixes dans le système Parashar. Les karakas sont variables dans le système Jaimini.

3. Les signes sont synonymes de maisons dans le système Jaimini. Dans le système Parashar, la maison et le signe sont distincts.

4. La plupart des dashas de Parashar dépendent de la longitude de la lune. Les dashas de Jaimini ne sont pas basés sur la Lune et les constellations, ils se réfèrent aux signes du zodiaque.

5. Le calcul de la force des planètes et des maisons est très élaboré dans Parashara et nécessite des calculs complexes. Ce calcul est simple dans le sytème conçu par Jaimini.

6. Le concept de Karkamsha est unique.

7. Les effets de l'argala est important dans le système Jaimini.

Ce livre ne s'adresse pas aux débutants en astrologie védique. Il s'adresse aux lecteurs qui se sentent déjà à l'aise dans les systèmes clasiques (Prashara/Varahamihira) de l'astrologie védique. J'ai déjà traduit en langue française le Brihat Parashara Hora Shastra et le Brihat Jataka de Varahamihira pour les lecteurs qui veulent s'initier à l'astrologie védique.

Avant d'entamer la traduction française du texte de Jaimini depuis les oeuvres en anglais cités dans mes références, il me semble opportun de présenter aux lecteurs un glossaire des termes sankrits utiilisés en astrologie védique en général et en astrologie de Jaimini en particulier, le tout, dans le but de faciliter la lecture de ce livre.

Glossaire

Adhimitra : Grand ami.

Adhisatru : Grand Ennemi.

Affliction : Disposition de planètes dans les 6ème, 8ème ou 12ème maisons ou leur domination sur ces maisons ; association d'une maison ou d'une planète avec des maléfiques (Sani, Kuja ou Rahu/Ketu) ; occupation de planètes de type Bhadaka dans une maison ou leur association avec toute autre planète ; combustion : association de Ravi (Soleil) avec une autre planète.

Adrusyashatka : À partir du 7e Bhava (maison) jusqu'au 12e Bhava (maison).

Alpamadhyayu : Indication d'une mort précoce dans la période initiale de la longévité moyenne.

Alpapoornayu : Indication de la mort au début de la période d'Alpayu.

Alpapayu : Durée de vie très courte. Ceux qui meurent très jeunes. La durée exacte de cette courte période dépend de l'espérance de vie prévalant dans la culture du natif considéré. En règle générale, la période d'Alpayu s'étend jusqu'à 32 ans.

Amatyakaraka : La planète qui est placée dans les degrés inférieurs à l'Atmakaraka, significateur pour le ministre.

Amsas: Les divisons zodiacales.

Antardasa : Deuxième division parmi les dashas, sous-période.

Anthyasankhyaka : La planète placée en degrés inférieurs dans un signe.

Antyagraha : Une planète qui s'est déplacée de moins de degrés dans un signe.

Apachaya rasi : 1er, 2ème, 4ème, 7ème, 10ème signes.

Aparashatka : Du 7ème au 12ème signe à partir de Lagna.

Apoklima : Maisons Cadantes : 3ème, 6ème, 9ème, 12ème signes.

Argala : Une barre ou un verrou utilisé pour fixer une porte ou le couvercle d'un navire. En astrologie Jaimini, il est utilisé pour décrire l'effet d'obstruction d'une planète intermédiaire. Elle part du principe que les planètes et les signes du zodiaque affectent d'autres planètes et signes par leurs aspects. Ces influences peuvent être annulées par la présence de certaines planètes à certains endroits par rapport à ces planètes et signes. Pour les planètes en aspect, les planètes placées en 11e, 4e, 2e bloque les rayons des planètes en aspect. Ces planètes obstructives sont connues sous le nom d'Argalas.

Arudha : À partir de lagna, comptez le nombre de signes jusqu' au Lagnadhipati (Maître du Laganarudha).

Arudhadhana : Deuxième pada.

Arudhajaya : Septième pada.

Arudhalabha : Pada.

Arudhalagna : Premier pada.

Arudhalagnadhipati : Signe seigneurial d'Arudhalagna.

Arudhamantra : Cinquième pada.

Arudhanavama : Neuvième pada.

Arudhavikrama : 3ème pada du système Jaimini.

Arudharajya : Dixième pada.

Arudhashasta : Sixième pada.

Arudhastama : Huitième pada.

Arudhavahana : Quatrième pada.

Astangata: Planète combuste, très proche du Soleil ou précisément dans le même pada (¼ de 13 degrés 20 minutes, à differencier de la notion de pada dans le système Jaimini) que le Soleil.

Astamadhipati : Seigneur du 8ème rang.

Asubha : Inauspicieux, défavorables, maléfiques.

Atimitragraha: Planète très amicale (grand amie).

Atisatrugraha: Planète très hostile (grand ennemie).

Atma: Le soi supérieur, l'essence.

Atmakaraka : Significateur du Soi. Sur la reglette de 30°, la planète qui s'est déplacée et placée dans les degrés les plus élevés signifie l'Atmakaraka (AK).

Avastha : État d'une planète. Il est classé en 10 catégories, à savoir: (1) Deeptha, illuminée ou exaltée ; (2) Swastha, saine, placée dans son propre signe, (3) Mudita, joyeuse, placée dans un signe ami ; (4) santi, calme, placé dans des subdivisions auspicieuses (5) sakkta, fort, (6) Vakra, en rétrogradation, (7) Peedita, tourmenté, occupant le dernier quart d'un signe, (8) Vikala, mutilé, quand une planète est en combustion, (9) Khala, espiègle quand elle est débilitée, et (10) Asubha, inauspicieux, quand la planète est dans son mouvement accéléré atichaara.

Ayana: Solstice, un des 2 mouvements du Soleil (vers le Nord ou vers le Sud).

Ayana bala: force équinoxiale.

Balarista : Période d'affliction grave. Elle peut causer la mort pendant la petite enfance.

Bhadhakadhipati : Seigneur des obstructions. Une planète qui crée invariablement des difficultés dès qu'elle en a l'occasion. Une telle planète a la capacité de détruire les effets déforables des planètes chanceuses.

Bhagadhika : La planète qui s'est déplacée du plus grand nombre de degrés dans un signe de 30°.

Bhava : Maison astrologique.

Bhagyadhipati : Seigneur du 9e signe.

Bhavalagna : Depuis le lever du soleil jusqu'à l'heure de la naissance, prenez le temps en termes de Ghatis (deux Ghati et demi sont égaux à une heure). Divisez-le par cinq, ajoutez le rappel avec le quotient, puis prenez le jour de la semaine de la naissance, vérifiez où le seigneur de la semaine est placé dans le Navamsa. Comptez ensuite dans le sens des aiguilles d'une montre le nombre obtenu et fixez le signe comme Bhava lagna.

Bhavantagraha : La planète placée avant quelques degrés à Bhavasandhi.

Bhavasandhi : Écart entre les deux Bhavas. La limite entre deux divisions de maisons. Les planètes situées à ces points sont considérées comme inefficaces.

Bheetagraha : Une planète placée en Cumbstion (Voir Avastha).

Bhujangam : 2ème Drekkana d'un signe fixe.

Bhukti : Antardasha ou sous-période d'une planète.

Bhumiputra : Fils de la Terre, Kuja (Mars). C'est la raison pour laquelle, Mars signifie les terrains, le capital comme moyens de production, les possessions par extension.

Brahma : Dans le système Jaimini, le calcul de Brahma consiste à (1) déterminer le signe le plus fort parmi Lagna et Saptama ; (2) déterminer le signe impair dans la direction opposée au signe le plus fort parmi Lagna et Saptama ; (3) la planète placée au degré le plus élevé dans ce signe impair est appelée Brahma (4) ; si Rahu est placé dans les degrés les plus bas, Rahu doit être pris car le mouvement de Rahu est toujours rétrograde ; (5) la planète placée en signe impair, sur la direction inverse d'un des Rasi forts parmi le Lagna et le Saptama.

Brathrukaraka : Significateur des frères. La planète qui est placée dans les degrés inférieurs à Amatyakaraka est appelée Brathrukaraka.

Budha : Nom attribué à la planète Mercure.

Chakrantha : Du signe Tula (Balance) jusqu'à la fin de Mina (Poissons).

Chakrardha : De Mesha (Bélier) jusqu'à la fin de Kanya Rasi (Vierge).

Chandra : Lune.

Chandrantagraha : Prenez le signe où Chandra (Lune) est placé. Si une planète est placée dans un plus grand nombre de degrés dans ce signe, c'est Chandrantagraha.

Chara : Mobile.

Chararasi : Signe mobile. Les 5ème, 8ème et 11ème signe sont des signes mobiles.

Chatra : Ombres.

Chaturthamsa : D-4 ou quadruple division d'un signe zodiacal, chacune consistant en 7° 30'.

Chaturthadhipati : Seigneur du 4e signe

Daana : Don / cadeau.

Daridrayoga : Combinaison planétaire produisant l'indigence et les infirmités personnelles.

Daasa : Serviteur masculin.

Dasha : Période planétaire. Également connu sous le nom de direction planétaire. Il s'agit du système selon lequel on détermine la direction planétaire à une période spécifique de la vie.

Dasamapada : 10ème signe Arudha dans le système Jaimini.

Dasamadhipati : Seigneur du 10 ème signe (Maison, car un signe = une maison en matière de dofification zodiacale).

Daasi : Servantes.

Deenagraha : Une planète placée en profonde débilitation (voir Avastha).

Deeptavastha : Une planète placée en exaltation profonde (voir Avastha).

Deeptagraha : Une planète placée en exaltation profonde (voir Avastha).

Deeptamsa : L'orbe à l'intérieur duquel l'aspect d'une planète peut être efficace.

Dhanadhipati : Seigneur du 2ème signe

Dhanarudham : 2ème Arudha dans le système Jaimini.

Dhanus : Sagittaire.

Dharma : Les trigones au signe de Lagna (V, IX).

Dheergayu : Longue vie

Dhwaja : Signes royaux avec drapeau royal - Drapeau ; enseigne ; symobole d'honneur. En astrologie, il représente le Nœud Sud de Chandra, c'est-à-dire Ketu.

Digbala : Dig signifie, direction, Bala signifie, force. Puissance planétaire acquise par les directions.

Drekkena : Décan, division d'un signe zodiacal en 3 parties égales à 10° chacun.

Drigbala : Force acquise des planètes par leurs aspects.

Drig Yoga : Yoga formé suite à l'aspect / union des planètes.

Drushyashatka : À partir du Lagna jusqu'à lala fin du 6ème Bhava.

Drusti : Identique à l'aspect.

Dwara Bahya : Le Lagna particulier est Dwara pour le Lagnadasa en cours. Le deuxième Rasi est appelé Bhahya Rasi.

Dwadasadhipati : 11ème Seigneur.

Dwiswabhavaraasi : Signe double : 4ème, 7ème, 10ème signes.

Dwitiyyadhipati : Deuxième seigneur du signe.

Ghati : Une ancienne division du temps - un Ghati est égal à 24 minutes.

Ghatikalagna : À partir de Janma Lagna, chaque Ghati est pris comme un Lagna. Prenez le temps depuis le lever du Soleil jusqu'à l'heure de naissance, en termes de Ghati. Divisez-le par 12, par exemple 42,22 Ghatis / 12 = 6 (reste) +1 = 7 puisque le Janmalagna est Karkataka, c'est un signe pair 7ème signe du Cancer (Karkataka) est Capricorne (Makara).

Grahachakra : Hososcope

Grahadristi : Aspect planétaire.

Grahayuddha : Guerre planétaire, conjonction de Mars avec une autre planète.

Gulika : Fils de Saturne, entité la plus malefique du thème.

Guru : Planète Jupiter.

Horasastra : Un traité d'astrologie prédictive, mais en général il se réfère à la science de l'astronomie et de l'astrologie.

Horalagna : Une sorte d'ascendant calculé en multipliant l'heure de naissance après le lever du Soleil par deux et en divisant le produit par cinq, et en ajoutant le résultat au lever du soleil du jour.

Kala : Une unité de temps. Une mesure du temps dans la tradition védique comme le montre la figure ci-après.

60 tatpara	1 para
60 paras	1 Vilipta
60 Viliptas	1 Lipta
60 Liptas	1 Vighati
60 Vighatis	1 Ghati – 24 minutes
2 Ghatis	1 Muhurtha
1 Asu	4 Seconds
1/300 Second	1 Thruti नृटि - *Tṛti*
100 Thruti -*Tṛti*	1 Lava / Tatpara
60 Anupala	1 Vipala / 2/5 of a Second
60 Vighati	1 Ghati/1 Nadi
7 1/2 Nadi	1 Prahara
8 Prahara	1 Hora/Hour
2 Ghati	1 Muhurtha/48 minutes
30 Muhurtha	1 day and 1 night
1 Ahoratra	1 day and 1 night
7 Ahoratra	1 week
30 Ahoratra	1 month
30 Nakshatra days	1 month
15 Thitis	1 Fort night
30 Thitis	1 month
2 months	1 Rutuvu
2 Rutuvus	1 Kaalam
6 Rutuvus	1 Year
1 year	365 days 5 hours 48 minutes 45 seconds
10 Years	1 Dasabda
100 Years	1 Satabda
10 Satabda	1 Sahasrabda
432 Sahasrabdas1	1 Yuga
10 Yugas	1 Maha Yuga 43.20 lakhs of years
100 maha yugas	1 Kalpa 43.20 crores of years
2 kaliyugas	1 Dwapara Yuga
3 Dwapara yugas	1 Tretayuga
4 Tregayugas	1 Kruta Yuga

Kaladhika : La planète placée en plus grand nombre de degrés dans un signe de 30 degrés.

Kalatra : Époux.

Kalatrakaraka : La planète qui est placée immédiatement à un degré inférieur à celui de Jnatikaraka.

Kanya : Le signe de la Vierge.

Karaka : Significateur. Les planètes placées à Suryanta, et Chandranta sont également Karaka.

Karakamsa : La Karaka placée dans le Navamsa.

Karkataka/Kataka : Cancer.

Karmadhipati : Seigneur du 9ème.

Karmasthana : 9ème signe.

Kecharayoga : Planète dans le 1er, 4ème, 5ème et 9ème signe.

Kemadruma : Maléfiques placés dans les Trikona, Lagna n'a pas d'aspect bénéfique.

Kendra : Lagna, 4ème, 7ème et 10ème signe à partir de Janma Lagna ; Signes cardinaux.

Ketu : Queue de dragon.

Kona : Lagna, 5ème, 9ème signe.

Kosapada : 2ème pada.

Kshatriya : Dynastie royale / Dynastie royale.

Ksheenachandra : Lune décroissante.

Kumbha : le signe zodiacal du Verseau.

Lagna : Ascendant.

Lagnapada : Premier signe en arudha sous le système Jaimini.

Lagnadhipati : Seigneur de l Ascendant.

Lagnapati : Le seigneur du signe où tombe Lagnarudha.

Madhyamaalpayu : Mort précoce sous une longévité moyenne.

Madhyamapurnayu : Longévité moyenne.

Madhyamayu : Durée moyenne de la longévité.

Makara : le signe zodiacal Capricorne.

Mangala : Mars.

Manipravalayaya : Planètes bénéfiques placées en 2ème, 4ème, 5ème, 7ème, 9ème ; Planètes maléfiques placées en 3ème, 6ème et 8ème.

Mantrapada : 5e Pada dans le système Jaimini.

Mantradhipati : Seigneur du 5e pada.

Maraka : la planète qui donne la mort

Matrukaraka : La planète placée dans des degrés inférieurs à Bhartkaraka ; significateur de la mère.

Meena rasi : Poissons.

Mesha rasi : Bélier.

Midhuna rasi : Gémeaux.

Mitrasthaana : signe appartenant à une planète amie.

Mulatrikona : Domicile diurne d'une planète.

Naisargikabala : Force inhérente d'une planète, à distinguer de Kalabala ou force temporelle.

Naisargikasubha : Bénéfique naturel.

Navama : 9ème.

Navamadhipati : Seigneur du 9ème

Navamsa : Neuvième division d'un signe.

Neecha : Débilité, planète en chute.

Nigalam : Dernier décan d'un signe double.

Nityalagna : Nitya lagna tombe dans le 4ème signe à partir du 9ème signe, se trouve dans un signe impair. Si le 9ème signe tombe dans un signe pair, il doit être calculé vice versa, c'est-à-dire au 4ème signe dans le sens inverse des aiguilles d'une montre à partir du 9ème signe. Nityalagna change tous les 5 Ghatis à partir du moment de la naissance.

Nrupapada : 10ème pada.

Paasam : Le premier Drekkana d'un signe mobile.

Pada : Une division dans le système Jaimini.

Padalakshana : Qualités du Pada.

Padadhipati : Seigneur d'un signe dans le système Jaimini.

Panchama : 5ème.

Panchamadhipati : Seigneur du 5ème.

Panchamarudha : 5ème division sous le système Jaimini.

Papagraha : Planète maléfique.

Paramotcha : Exaltation profonde.

Phala Nirnaya : Faire des prédictions.

Phanaphara : Maisons successives 2ème, 5ème, 8ème, 11ème à partir de janmalagna

Piditagraha : Une planète placée dans un signe ennemi.

Pitrukaraka : Significateur du père. La planète qui est placée dans les degrés immédiatement inférieurs à Matrkaraka.

Prakruti Chakra : De Lagna jusqu'à la fin du 6ème signe, en comptant dans le sens des aiguilles d'une montre pour les signes impairs, et dans le sens inverse pour les signes pairs.

Prishtodaya rasis: Signes qui se lèvent avec leurs pieds (1er, 2e, 4e, 9e, 10e).

Purusha grahas: Planètes masculines.

Purusha rasis: Signes masculins

Purna Chandra : De Suklastami à Krnstami, le Chandra est appelé Purna Chandra.

Purnayu : Longue vie.

Purvashatkam : Les six premiers signes à partir de Lagna.

Putrakaraka : La planète qui est placée immédiatement à des degrés inférieurs à Pitrkaraka.

Rahu : Tête de dragon.

RajaYoga : Combinaisons planétaires qui produisent l'aisance, la richesse et le statut royal.

Rajyadhipati : 10ème Seigneur.

Rajyalakshmi : Déesse de la nation.

Rasi : un signe dans l'horoscope à 12 divisions.

Rasinadha : Seigneur du signe

Rasyanthagraha : La planète qui a avancé en termes de degrés dans un signe de 30 degrés.

Ravi : Soleil

Rudra : Une planète forte parmi les Astamadhipati (8e seigneurs) de Lagna. La planète sans force aspectée par les maléfiques et la planète forte aspectée par les bénéfiques est connue comme Rudra.

Saktagraha : une planète placée dans un signe ami.

Samasthana : Signes équivalents.

Sani : Saturne.

Santhagraha : Une planète placée dans son propre signe.

Saptama : Sept, le septième.

Saptamadhipati : Seigneur du septième.

Satrusthana : Signe ennemi.

Shadastavyayam : 6ème 9ème et 12ème signes.

Siddhanta : Doctrine/science.

Simha : Lion

Simhasanarudham : 4ème signe arudha dans le Système Jaimini.

Siraprishtodaya rasis: signes qui se lèvent avec leur tête et pieds.

Sirodaya rasis: signes qui se lèvent avec leur tête (3ᵉ, 5ᵉ, 7ᵉ, 8ᵉ, 11ᵉ signe).

Skhalitagraha : Une planète placée en rétrogradation.

Sthana : Une planète placée dans l'un des 12 signes.

Sthanadhipati : Seigneur des signes.

Sthira : Fixe.

Sthirarasi : Les 3ème, 5ème et 9ème signes sont des signes fixes.

Subhasthana : un signe bénéfique.

Suklapaksha : demi-lune croissante.

Sukra : Vénus.

Suryanta : Dans un signe où une planète est placée dans un plus grand nombre de degrés lorsque Ravi est placé dans ce signe particulier.

Surya : Soleil.

Swakshetra : Planète dans sin propre signe nocturne.

Swasthagraha : une planète placée dans son signe d'exaltation.

Tanusthana : Lagna/ Ascendant.

Tithi : Calendrier lunaire.

Trutiyadhipati : Seigneur du 3ème.

Tula : Le signe du zodiaque Balance.

Tungasthana : Exaltation

Udayachakra : Carte du ciel ; compter tous les signes, pairs ou impairs, dans le sens des aiguilles d'une montre uniquement.

Upagraha : "Planètes fantômes" qui sont en fait des points mathématiques.

Upakramarasi : 9ème à partir du 7ème.

Upapada : 12ème signe dans le système Jaimini.

Upapadadhipati : Seigneur de upapada/12ème pada

Utcha : Exaltation

Vahanapada : Quatrième pada dans le système Jaimini.

Vahanadhipati : 4ème Seigneur.

Vakra : Rétrogration

Vakranta : Fin de la rétrogration

Vedha : Une opposition, une entrave ou une obstruction. En astrologie, il s'agit d'obstacles aux effets favorables du transit d'une planète.

Vikalagraha : Planète placée en débilitation.

Vikruti Chakra : du 7e signe jusqu'à la fin du 12e signe ; comptage dans le sens inverse des aiguilles d'une montre pour les signes impairs et dans le sens des aiguilles d'une montre pour les signes pairs.

Vilagna : Autre nom de Janma Lagna / Lagna.

Vrichika : Le signe du zodiaque Scorpion.

Vrishabha : Taureau.

Yekadasahipati : Seigneur du 11ème.

Yoga : combinaison.

Yogakaraka : La planète qui donne des résultats favorables.

Mon essai de traduction

Pada 1

SU. 1. Upadesam vyakhyasyamah.

Je vais maintenant expliquer mon travail pour le bénéfice des lecteurs et leur donner des instructions appropriées pour comprendre le sujet.

Notes

Upadesa signifie littéralement amener quelqu'un près des objets et lui faire comprendre la vérité. Upa samip disanti fait amener quelqu'un près de l'objet véritable de sa recherche, le faire s'asseoir là et voir clairement avec sa vision mentale, les vérités de la Science. Jaimini observe qu'il abordera le sujet de l'astrologie en Phalabhaga ou partie prédictive, introduire les lecteurs et les disciples aux principes de l'astrologie et et leur fera voir les vérités et réaliser leur grandeur par des expériences personnelles. Il développe le sujet dans son propre style inimitable et fait de son mieux pour mettre en valeur de grandes quantités de données astrologiques. Il développe le sujet dans son style inimitable et s'efforce de mettre de grandes quantités de aphorismes appelés les Sutras. Ce mot Upa apparaît dans Upanayana : faire voir à un homme la grandeur de Parabrahma, et Upanishad ou qui rapproche une personne de Dieu et Upasana qui porte la même idée de faire voir à la personne l'objet de sa recherche et de l'amener en contact plus étroit avec lui.

SU. 2. Abhipasyanti rikshani.

Les signes zodiacaux s'aspectent mutuellement (dans leur face).

SU. 3. Parswabhe cha.

A l'exception des signes zodiacaux qui les suivent.

SU. 4. Thannishthascha tadvat.

Les planètes qui occupent de tels signes vont également donner un aspect aux planètes qui se trouvent dans ces maisons.

Notes

Le deuxième Sutra peut être expliqué ainsi. Les signes zodiacaux s'aspectent les uns les autres qui sont devant ou proche d'eux.

Les commentateurs disent ainsi : Mesha a Vrischika, Vrishabha a Thula, Mithuna a Kanya, Kataka a Kumbha, Simha a Makara, Kanya a Dhanus, Thula a Vrishabha, Vrischika a Mesha, Dhanus a Meena, Makara a Simha, Kumbha a Kataka et Meena a Mithuna comme signes devant et en aspect.

Le troisième sutra indique que le signe zodiacal suivant le Bélier, c'est-à-dire Vrishabha, n'est pas en aspect, Vrishabha n'est pas aspecté, le signe Mithuna n'est pas aspecté par Vrishabha, Kataka n'est pas aspecté par Mithuna, Simha n'est pas aspecté par Kataka et ainsi de suite. En suivant cette règle, tous les Chara Rasis ou signes mobiles sont en relation avec tous les Sthira Rasis ou signes fixes, à l'exception de ceux qui leur sont adjacents, et tous les signes fixes sont en relation avec les signes mobiles, à l'exception de ceux qui leur sont adjacents. Les signes à double corps se regardent les uns les autres.

En d'autres termes, dans ce système, les aspects sont considérés entre les rasis et non entre les planètes. Chaque signe mobile (Chara) aspecte chaque signe fixe en 5e, 8e, 11e de ce signe sauf le signe fixe qui le suit immédiatement dans la direction du zodiaque. Chaque signe fixe (Sthira) aspecte chaque signe mobile sauf ce qui le précède. Chaque signe commun s'aspecte mutuellement.

Dans le 4e sutra, il est fait référence aux planètes qui occupent ces maisons, et qui exercent des influences aspectuelles comme les maisons elles-mêmes sont censées le faire.

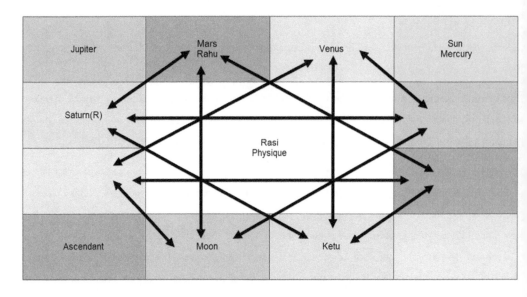

Aspects des signes cardinaux sur les fixes et inversement

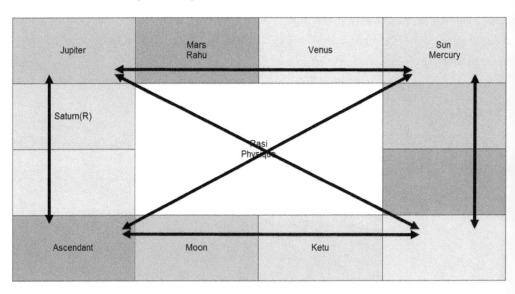

Aspects des signes communs

Je vais donner un exemple pour illustrer les principes énoncés ci-dessus.

♂ 06°24 ♓ IX	♈ X	♃ 09°58R ♉ XI	♊ XII
☊ 18°29 ♒ VIII	JAIMINI EXEMPLE 627-ANTANANARIVO Heure : 0:06 Zone : -3 Long. : -47.31 Lat. : -18.55 Né le : 3/11/1988 Mode sidéral Lahiri		Asc 13°42 ♋ I
♑ VII	Maître du jour : Jupiter Maître heure : Mars		☽ 03°35 ☋ 18°29 ♌ II
♄ 05°23 ♐ VI	☉ 16°58 ☿ 00°35 ♎ V		♀ 11°01 ♍ III

Aspects des signes

Bélier ou Mesha (1)	5, 8, 11
Taurau/Thula (2)	4,7,10
Gémeaux/Mithuna (3)	6,9,12
Cancer /Kataka (4)	2, 8, 11
Lion /Simha (5)	1,7,10
Vierge/ Kanya ((6)	3,9,12
Balance / Vrishabha (7)	2, 5, 11
Scorpion /Vrischika (8)	1,4,10
Sagittaire /Dhanus (9)	3,6,12
Capricorne/ Makara (10)	2,5,8
Versau /Kumbha (11)	1,4,7
Poissons / Meena (12)	3,6,9

Aspects des planètes

Lune / Chandr (en Lion, signe fixe)	Soleil et Mercure qui occupe le 7e signe
Mercure / Budh (en Balance, signe cardinal)	Jupiter, Lune, Ketu, Rahu
Venus / Sukr (en Vierge, signe commun)	Saturne, Mars
Soleil/ Ravi (en Balance, signe cardinal)	Jupiter, Lune, Ketu, Rahu
Mars / Kuja (Poissons, signe commun)	Venus, Saturne
Jupiter / Guru (en Taureau, signe fixe)	Soleil et Mercure
Saturne / Sani (Sagittaire, signe commun)	Mars, Venus
Ketu (en Lion, signe fixe)	Soleil et Mercure
Rahu (en Verseau, signe fixe)	Soleil et Mercure

SU. 5. Darabhagyasulasthargala nidhyatuh.

Les quatrième, deuxième et onzième places (ou les planètes qui s'y trouvent) d'une planète sont des Argalas.

SU. 6. Kamasthathu bhuyasa papanam.

Les maléfiques dans le troisième à partir de la planète en aspect donnent lieu à des Argala maléfiques.

SU. 7. Rihpha neechakamastha virodhinah.

Les planètes en dixième, douzième et troisième position à partir d'Argala provoquent une obstruction à cet Argala.

SU. 8. Na nyuna vibalascha.

Si les planètes qui font obstacle à Argala sont moins nombreuses ou moins puissantes que celles qui causent Argala, alors la puissance d'Argala ne peut être affectée.

SU. 9. Pragvastrikone.

Les maisons ou les planètes dans les trikonas (5 et 9) influencent de la même façon l'Argala.

SU. 10. Vipareetam kethoh.

Dans le cas de Ketu, la formation de l'Argala et son obstruction doivent être calculées dans l'ordre inverse.

Notes

L'Argala est une considération importante pour déterminer la relation mutuelle entre les maisons, les signes et les planètes. L'image réelle émerge lorsque nous appliquons l'Argala. Il aide à évaluer correctement l'horoscope et à décider des résultats du dasha.

Argala signifie verrou, scerrure, fermeture, une clé. Une fermeture est utilisée pour garder en sécurité des objets ou pour empêcher quelque chose de s'échapper. Il y a trois types d' Argala . Les planètes en 4ème, 2ème, et 11ème causent Argala. Elles sont obstruées par les planètes en 10ème, 12ème et 3ème respectivement. Les planètes en 5ème causent aussi Argala. Ceci est bloqué par les planètes du 9ème. Quand il y a trois maléfiques ou plus dans la 3e maison, ils causent Vipreet Argala et sont très favorables. Quand les planètes qui causent Argala sont plus fortes que celles qui font obstacle, alors la première prédominera. Ceci est vrai pour le nombre de planètes dans les deux maisons. Il n'y a pas de compensation pour l'Argala provoqué par trois planètes dans la troisième maison.

L'argala par une planète bénéfique est appelé "subhaargala" (intervention bénéfique) et l'argala par une planète maléfique est appelé un "paapaargala". (Intervention maléfique).

L'Argala causée par le placement d'une planète dans le premier quart du signe est obstrué par la planète placée dans le quatrième quart du signe obstruant. De même, l'Argala du 2ème quart est obstruée par le placement du 3ème quart placement.

Ce concept simple peut être mieux apprécié si l'on donne quelques exemples. La 4e maison représente l'éducation. Les maisons 2, 4 et 11 de la maison 4 sont respectivement 5, 7 et 2. L'intelligence (5ème), l'interaction avec les autres (7ème), le caractère général et le samskara (2ème) defavorise ou favorise l'éducation. Si Jupiter est en maison 5, il donnera l'intelligence et son subhargala (intervention bénéfique) en maison 4 aidera à l'éducation. Si Rahu est en maison 5, son papargala (intervention maléfique) sur la 4e causera des obstacles à l'éducation par le biais d'une mauvaise intelligence. De la même manière, les bénéfiques et les maléfiques dans les maisons causant l'argala provoquent de bonnes et de mauvaises interventions. Fondamentalement, le point est que l'intelligence, l'interaction et samskara sont les choses qui décident de l'éducation d'une personne. Ils ont un rôle décisif.

SU. 11. Atmadhikaha kaladibhirna bhogassaptanamashtamva.

Parmi les sept planètes du Soleil à Saturne, ou les huit planètes du Soleil à Rahu, celle qui obtient le plus grand nombre de degrés devient l'Atmakaraka.

SU. 12. Saeeshtay bandhamokshayoh.

Atmakaraka donne de mauvais et de bons résultats en vertu de dispositions maléfiques et bénéfiques telles que la débilité, l'exaltation, etc.

Notes

Pour determiner les Karaka, placer les 7 planètes sur la réglette de 30°. Classer les planètes par ordre décroissant en longitude. Pour Rahu, retranchez 30 degré à sa position. La planète qui a la plus grande longitude est l'Atmakaraka (AK), le significateur de l'âme . La force ou la faiblesse de l'Atmakaraka semble refléter la force ou la faiblesse générale de l'horoscope entier, de sorte que la position de l'Atma Karaka est très importante. L'Atmakaraka naturel est cependant Ravi ou le Soleil. Ce significateur permet assi de déterminer l'Ishtadevata ou la divinité à rendre hommage pour un individu. Dans le D9, repérez le signe occupee par l'AK, c'est le Karakamsa. La planète qui occupe la 12ᵉ maison de ce dernier est l'Ishta Devata. Si aucune planète n'occupe ce signe, le maître de ce signe devient l'Ishta Devata.

♂ 06°24 ♓ IX	♃ 09°58R ♈ X	♉ XI	♊ XII	☉ ♃ ☊	♀	☽ ♄	
☊ 18°29 ♒ VIII	AK 627-ANTANANARIVO Heure : 0:06 Zone : -3 Long. : -47.31 Lat. : -18.55 Né le : 3/11/1988 Mode sidéral Lahiri Maître du jour : Jupiter Maître heure : Mars		Asc 13°42 ♋ I	Conjoint (D9)			
			☽ 03°35 ☋ 18°29 ♌ II			♂	
♄ 05°23 ♐ VI	♏ V	☉ 16°58 ☿ 00°35 ♎ IV	♀ 11°01 ♍ III		Asc	☿	☋

26

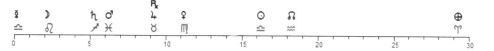

Dans cet exemple, le Soleil se situe à 16°58', il devient significateur de l'âme. Le Soleil est en Chute en Balance en maison IV (Kendra). L'Ak est de mauvaise position par essence (chute), mais les circonstances le favorisent (Kendra). Dans le D-9, les Poissons sont occuppés par l'Ak. Le Verseau vide de planètes est le 12e des Poissons. Saturne est l'Ishtadevata pour ce natif.

SU. 13. Thasyanusaranadamatyaha.

La planète qui est la plus proche en kalas ou degrés d'Atmakaraka deviendra Amatyakaraka.

Notes

Le suivant en importance est l'Amatyakaraka. Il n'existe pas d'Amatyakaraka naisargika (naturel ou permanent, significateur mineur), mais B.V Raman pesait que Budha ou Mercure l'est. Abrégé en AmK, il est le significateur de l'autorité, le statut, le ministère, les conseillers.

SU. 14. Tasya bhratha.

La planète qui obtient le plus grand nombre de degrés à côté d'Amatyakaraka devient Bhratrukaraka[1] (BK) ou obtient la maîtrise des frères.

SU. 15. Tasya mriatha.

La planète qui obtient le plus grand nombre de degrés à côté de Bhratrukaraka devient le significateur de la mère [2] ou Matrukaraka (MK).

SU. 16. Tasya putraha.

La planète qui a le plus grand nombre de degrés à côté de Matrukaraka devient le significateur des enfants[3] ou Putrakaraka (PK).

SU. 17. Thasya gnathihi.

La planète qui obtient moins de degrés que ceux de Putrakaraka devient Gnathikaraka (GK) ou le significateur des cousins[4].

---

[1] Kuja ou Mars est le naisargikakaraka des frères.
[2] Lune est cependant le karaka naturel de la mère.
[3] L'indicateur naturel est Guru ou Jupiter.

SU. 18. Thnsya darascha.

La planète qui obtient moins de degrés que le gnathikaraka devient Darakaraka (DK) ou le seigneur de l'épouse[5].

SU. 19. Matra saha putrameke samamananthi.

Certains Acharyas ou auteurs soutiennent que les Matru et les putrakarakas peuvent être représentés par une seule et même planète, c'est-à-dire que ces deux Bhavas, la maîtrise de la mère et des enfants, peuvent être jugés par la même planète.

Notes

Si deux ou trois planètes ont la même longitude, alors choisir la planete qui a le plus grand nombre de minutes et ou de secondes, et si les 3 planètes sont égales dans tous ces degrés, minutes et secondes, alors il est recommandé de prendre significateurs naturels ou fixes suivants :

Ravi (Soleil) : force de l'âme, réputation, la vitalité et le père.

Chandra (Lune) : Esprit, Mère, pierres précieuses.

Kuja (Mars) : Terre, force et petits frères.

Budha (Mercure) : Intelligence, oncle, sciences et parole.

Guru : Enfants, éducation, richesse et développement spirituel.

Sukra (Venus) : passion, les plaisirs des sens et la femme.

Sani (Saturne) : longévité, moyens de subsistance et mort.

Rahu : grand-père maternel, poisons.

Keru. : Grand-père paternel et celui qui donne liberation finale.

---

[4] Le significateur des litiges également. Le karaka ou indicateur naturel pour les Gnathis ou cousins et les relations est Kuja ou Mars.
[5] Le Dara naturel ou Kalatrakaraka est Sukra.

SU. 20. Bhaginyurathassyalaha kaniyajjananee cheti.

Certains disent que de Kuja devraient être déterminés les particularités concernant les frères et sœurs, le beau-frère, les frères cadets et les belles-mères. D'autres soutiennent que les prédictions relatives à la belle-mère doivent être faites à partir de la 8ème maison. Cependant, cette dernière opinion n'est pas approuvée par tous.

SU. 21. Mathuladayo bandhavo matrusojatiya ittyuttarataha.

À partir de Mercure, il faut déterminer les informations relatives aux oncles maternels, aux tantes maternelles et aux autres relations maternelles.

SU. 22. Pitamahou pathiputraviti gurumukhadeva janiyat.

De Gourou, la grand-mère et le grand-père paternels, le mari et les enfants doivent être découverts.

SU. 23. Patnipitarau swasurou matamaha ityante vasinaha.

De la planète suivante à partir de Guru, c'est-à-dire Sukra, les parents de l'épouse, ou les beaux-parents, les tantes paternelles et maternelles, le grand-père et la grand-mère maternels, et les Ante Vasina ou disciples doivent être découverts.

SU. 24. Monzdojyayan Graheshu.

Parmi toutes les planètes, Ravi, Chandra, Kuja, Budha, Guru, Sukra et Sani, Saturne est la moins puissante[6].

SU. 25. Pracheevruttirvishamabheshu.

Dans tous les signes impairs, le comptage doit se faire dans le sens des signes.

Notes

Mesha, Mithuna, Simha, Thula, Dhanus et Kumbha sont des signes impairs. Dans tous ces signes, le comptage doit se faire de gauche à droite. Disons que nous voulons le 5ème de Mesha. Alors on compte comme suit Mesha, Vrishabha, Mithuna, Kataka, Simha et ainsi de suite. Prenez Thula. C'est un signe impair, supposons que nous voulons le 4ème. Alors Thula, Vrischika, Dhanus et Makara. Prenez Vrischika et nous voulons le 6ème. Alors nous avons Vrischika, Thula, Kanya, Simha, Kataka et Mithuna.

---

[6] C'est donc à partir de Sani que l'on doit découvrir la prospérité et les malheurs des frères aînés.

SU. 26. Paravrutyottareshu.

Dans les signes pairs, le comptage doit se faire dans l'ordre inverse.

Notes

Dans les signes pairs, nous comptons à rebours comme les mouvements de Rahu et Ketu en ordre inverse.

SU. 27. Nakwachit.

Dans certains endroits ou signes, cela ne s'applique pas.

Notes

La règle ne s'applique pas à Vrishabha ou à Vrischika et à Kumbha et Simha. Ici, cela signifie que dans les signes pairs de Vrishabha et de Vrischika, au lieu de compter dans l'ordre inverse, nous comptons dans le sens direct et dans Kumbha et Simha au lieu de de compter dans le sens des signes, nous devons compter dans l'ordre inverse.

SU. 28. Nathaanthahasamapruyenu.

De nombreux auteurs sont d'avis que le Rasi Dasha (période du signe) s'étend sur un nombre d'années qui sont depuis le Rasi jusqu'à l'endroit où se trouve son seigneur.

Notes

Dans tous les autres ouvrages, les Mahadashas et Bhuktis ou Antardashas (périodes et sous-périodes) sont relatifs aux planètes mais jamais aux signes zodiacaux. Jaimini donne les Rasi Dashas comme une caractéristique particulière de ses œuvres. Le nombre d'années d'un Rasi Dasha est déterminé par le nombre de signe (non pas la maison !) qui le sépare de son son seigneur.

Si le seigneur du Rasi est en exaltation, il ajoutera une année supplémentaire au nombre qu'il donne par sa position. Prenez par exemple Vrischika et Kuja en Makara. Ici, il est dans la 3e maison de Vrischika et donne donc 3 ans. Mais comme il est en exaltation, une année supplémentaire doit être ajoutée et ainsi le Rasi donne quatre ans. Mais s'il est en débilitation, il enlève une année.

Il y a deux signes selon Jaimini qui ont deux seigneurs au lieu d'un seul accordé par les règles de l'astrologie générale. Vrischika a deux seigneurs, à savoir Kuja et Ketu et Kumbha a Sani et Rahu. Dans ce cas, si les deux seigneurs sont dans le signe, alors le Rasi donne 12 ans de Dasha. Si l'un d'eux n'est pas là, alors la présence de l'autre ne donne aucune année. Si les deux seigneurs ne sont pas dans le Rasi, il faut alors déterminer les années de Dasha par la plus forte des deux planètes. Si le seigneur du Rasi est en exaltation, il ajoutera une année supplémentaire au nombre qu'il donne par sa position. Prenez Vrischika et Kuja en Makara. Ici, il est dans la 3e maison de Vrischika et donne donc 3 ans. Mais comme il est en exaltation, une année supplémentaire doit être ajoutée et ainsi le Rasi donne quatre ans. Mais s'il est en débilitation, il enlève une année. Ainsi, si nous prenons Mesha et trouvons Kuja à Kataka, alors il devra donner quatre ans car Kataka est le quatrième à partir de Mesha mais sa débilité lui a enlevé une année et au lieu de quatre ans, il ne donne que trois ans. Il y a deux signes selon Jaimini qui ont deux seigneurs au lieu d'un seul accordé par les règles de l'astrologie générale. Vrischika a deux seigneurs, à savoir Kuja et Ketu et Kumbha a Sani et Rahu. Dans ce cas, si les deux seigneurs sont dans le signe, alors le Rasi donne 12 ans de Dasha. Si l'un d'eux n'est pas là, alors la présence de l'autre ne donne aucune année. Si les deux seigneurs ne sont pas dans le Rasi, il faut alors déterminer les années de Dasha par la plus forte des deux planètes. Si l'une des deux planètes est dans sa propre maison et l'autre dans une autre maison, comptez et prenez la planète dans sa propre maison de préférence à l'autre qui est dans une autre maison. Prenez Kumbha. Il a deux seigneurs, Rahu et Sani. Sani est dans Makara et Rahu est dans Mesha. Ici nous devons préférer Sani à Rahu car il est dans sa propre maison et donc la longévité ou Dasha donné par Kumbha sera de 12 ans car Makara est le 12ème de Kumbha. Si parmi les deux seigneurs, dans d'autres maisons, l'un est avec une ou plusieurs autres planètes, et le second n'est pas avec une planète, alors prenez la planète qui est en conjonction avec une autre planète. Supposons que les deux sont avec d'autres planètes, alors prenez le seigneur qui est en conjonction avec le plus grand nombre de planètes. Supposons que les deux sont avec le même nombre de planètes. Alors trouvez la force du Rasi et celui qui est le plus puissant, prenez la planète qui s'y trouve.

```
| ♂ 06°24        |               | ♃ 09°58R      |              |
|    ♓           |      ♈        |      ♉        |     ♊        |
|    IX          |      X        |      XI       |     XII      |
| ♌ 18°29        | JAIMINI EXEMPLE              | Asc 13°42    |
|                | 627-ANTANANARIVO             |              |
|    ♒           | Heure : 0:06  Zone : -3      |    ♋         |
|                | Long. : -47.31 Lat. : -18.55 |              |
|                | Né le : 3/11/1988            |              |
|           VIII | Mode sidéral Lahiri          |      I       |
|                | Maître du jour : Jupiter     | ☽ 03°35      |
|                | Maître heure : Mars          | ☊ 18°29      |
|    ♑           |                              |    ♌         |
|    VII         |                              |     II       |
| ♄ 05°23        |               | ☉ 16°58       | ♀ 11°01      |
|    ♐           |     ♏         | ☿ 00°35       |    ♍         |
|                |               |    ♎          |              |
|    VI          |     V         |    IV         |    III       |
```

Nous voulons connaître la période de Dasha des années données par Mesha. Son seigneur est Kuja. Il se trouve dans la 12e maison de Mesha. Par conséquent, Mesha Dasha s'étend sur 12 ans. Nous voulons la période de Dasha donnée par le Taureau. Son seigneur est Vénus qui se trouve dans le 5ᵉ signe du Taureau, et donc la durée du Dasha du Taureau est de 5 ans. Venus est en chute. La durée du Dasha du Taureau est finalement de 4 ans.

SU. 29. Yavadeesasrayam padamrzukshanam.

Arudha Lagna est le point obtenu en comptant autant de signes que possible à partir de l'endroit où se trouve le seigneur de Lagna que le seigneur de Lagna est en train d'habiter.

SU. 30. Swasthe daraha.

Si Lagnadhipathi est dans la 4ème, alors la 7ème devient Pada Lagna.

SU. 31. Sutasthe janma.

Si le seigneur de Lagna est dans le 7ème de Lagna, alors Lagna lui-même devient Arudha Lagna.

Notes

Pour faire des prédictions, il faut se référer à différents types d'ascendants. Ce sont : (1) Arudha Lagna', (2) Bhava Lagna, (3) Hora Lagna, (4) Varnada Lagna, (5) Ghatika Lagna et (6) Nishekr Lagana.

Arudha Lagna est aussi nommé Pada Lagna. Le terme arudha pada (ou plus simplement « pada ») fait référence à l'image d'un signe tombant dans un autre, du à la réflexion des rayons qui en émane et qui sont reflétés par son maître. Prenez le nombre de signes séparant une maison de son maître. Reportez ce nombre à partir de ce maître. Le signe où vous arriverez sera le pada de cette maison. **Exception** : l'arudha pada ne peut jamais se trouver dans le même signe ou dans le 7ième compté à partir de sa position initiale. Dans ce cas on choisit le 10ième signe à partir de la position finale trouvée. Tels sont les Arudha Lagna.

Arudha lagna Dhanapada (2ième) : A2

Bhratripada (3ième): A3

Matripada (4ième): A4

Mantrapada (5ième) : A5

Satrupada (6ième) : A6

Darapada (7ième): A7

Rogapada (8ième): A8

Bhagyapada (9ième) : A9

Rajyapada (10ième) : A10

Labhapada (11ième) : A11

Upapada (12ième) : UL

Les arudha padas introduisent une notion très subtile et importante qui est liée à la façon dont nous percevons le monde. Parmi les padas, il y en deux qui sont particulièrement importants (surtout en D1) : ce sont l'Arudha Lagna (AL) et l'Upapada lagna (UL). L'arudha lagna montre comment un natif est perçu dans le monde.

Dans le D-9, AL defini comment les autres voient notre conjoint(e), ou notre association avec l'autre sexe. Et l'A7 du D-9 montre par exemple comment notre partenaire voit notre relation.

Dans le D-10, l'AL montre comment les autres perçoivent s notre cadre de travail, statut, carierre et. L'A10 montre l'illusion associée avec notre karma ou carrière, notre lieu de travail.

Dams le D-20 (chaturvimsamsha, vie spirituelle), le lagna va montrer notre véritable nature spirituelle, l'AL comment les autres nous perçoivent dans ce contexte, l'A10 notre statut éventuel, l'A7 le type de personnes avec lesquelles nous nous associons, et l'A9 comment les autres perçoivent notre maître ou guru.

Dans le D-24 (vimsamsha, connaissance), le lagna montre notre véritable intelligence et l'AL renseigne sur les perceptions des autres de notre intelligence. L'A5 du D-24 indique notre succès dans les examens, les tests, les concours, ou les études (on peut ne pas être très intelligent et réussir). L'A7 du D-24, montre les personnes avec qui nous nous associons pour l'acquisition de la connaissance.

Dans le D-16 (shodashamsha, véhicules et confort), les vrais conforts et bonheur retirés de notre moyen de locomotion sont montrés par la 4 du D-16 - et notre véhicule par l'A4. Si l'A4 est puissant et la Ms4 faible, cela signifiera que nous avons une belle ou bonne voiture mais que nous n'en sommes pas heureux ou satisfait.

Pour résumer, l'arudha lagna montre l'illusion du monde au sujet du natif - et les autres padas, l'illusion associée avec les choses signifiées par ces maisons. Dans les vargas, on interprètera cela dans le contexte des choses signifiées par le varga en question.

♂ 06°24 ♓ IX	♈ X	♃ 09°58R ♉ XI	♊ XII
☊ 18°29 ♒ VIII	JAIMINI EXEMPLE 627-ANTANANARIVO Heure : 0:06 Zone : -3 Long. : -47.31 Lat. : -18.55 Né le : 3/11/1988 Mode sidéral Lahiri		Asc 13°42 ♋ I
♑ VII	Maître du jour : Jupiter Maître heure : Mars		☽ 03°35 ☋ 18°29 ♌ II
♄ 05°23 ♐ VI	♏ V	☉ 16°58 ☿ 00°35 ♎ IV	♀ 11°01 ♍ III

L' Asc est en Cancer, son maître est la Lune en II en Lion. Du Cancer au Lion, il existe 2 signes. Du Cancer au Lion, je compte 2 signes. Le signe est le Lion est le 2ᵉ signe du Cancer. Arudha Lagana se situe en Lion. Pour la 2ᵉ Maison, le Soleil en est le maître. Il est en Balance. Du Lion au Balance, il existe 3 signes. Je compte 3 signe en partant de la Balance. Ce signe est le Sagittaire. L'A2 se situe en Sagittaire. Le tableau ci-apres donne les different Arudha.

Bhavas	Position des arudha padas	Bhavas	Position des arudha padas
Asc (AL)	Lion	Maison VII (A7)	Balance
Maison II (A2)	Sagittaire	Maison VIII (A8	Vierge
Maison III (A3)	Balance	Maison IX(A9)	Cancer
Maison IV (A4)	Lion	Maison X (A10)	Capricorne
Maison V(A5)	Verseau	Maison XI (A11)	Capricone
Maison VI (A6)	Balance	Maison XII (A12)	Capricorne

SU. 32. Sarvatrasavarna bhavarasayaha.

Tous les Rasis et Bhavas sont étudiés par Varnada Lagna. C'est pourquoi il sera expliqué dans cet aphorisme.

SU. 33. Nagrahaha.

Varnada ne doit pas être appliqué aux planètes mais seulement aux Rasis. Dans tous les sutras de Jaimini, le sutra Ka, Ta, Pa, Yadi d'interprétation de la langue ne doit pas être appliqué aux planètes. L'auteur veut dire que les grahas ou les planètes sont désignés par leurs différents noms et jamais par le système de lettres.

SU. 34. Yavadwivekamavrittirbhanam.

Divisez les Rasi Dashas par 12 et distribuez-les aux 12 Rasis en proportion des périodes de Rasi Dasha pour obtenir des sous-périodes. Le comptage doit se faire de droite à gauche si Lagna est de signe impair et vice versa s'il est de signe pair.

Notes

Tous les Rasis mis bout à bout à raison de 12 chacun donneront jusqu'à 144. Prenez l'année Rasi Dasha et divisez-la en 12, multipliez le Mesha Dasha Rasi par 12. Divisez ensuite le total par 12 et le quotient représentera les Antardasha (sous-périodes). Même ici, les lecteurs sont lecteurs de compter et de suivre les signes pairs et impairs dans les directions droite et gauche comme cela a déjà été expliqué.

SU. 35. Horadayaha siddhaha.

Dans la littérature générale d'astrologie, apprenez tous les détails sur Hora, Drekkana, Saptamsa, Navamsa, Dwadashamsa, Trimsamsa, Shashtiamsa, etc.

Notes

Hora (D-2), Drekkana (D-3), Saptamsa (D-7), Navamsa (D-9), Dwadashamsa (D-12) , Trimsamsa (D-30), etc representent les Vargas ou les subdivisons zodiacales. Chaque divison est un theme en lien avec un domaine particulier comme le montre de tableau suivant :

Rasi	D1	Tous les secteurs de l'existence au niveau physique, le soi physique
Hora	D2	Les biens et l'argent (les richesses)
Drekkana	D3	Les frères et sœurs
Chaturthamsa	D4	La résidence, les maisons et propriétés que l'on possède, la chance
Panchamsa	D5	La renommée, l'autorité et le pouvoir
Shasthamsa	D6	Les problèmes de santé
Saptamsa	D7	Les enfants (et petits-enfants)
Ashtamsa	D8	Les ennuis soudains, les litiges, les accidents
Navamsa	D9	Le conjoint, le mariage, les relations avec autrui, le dharma
Dasamsa	D10	La profession, la carrière, les activités et réalisations dans la société
Rudramsa	D11	La mort et la destruction
Dwadasamsa	D12	Les parents, oncles, tantes, grands-parents
Shodasamsa	D16	Les véhicules, les plaisirs, le confort (ou l'inconfort) matériel
Vimsamsa	D20	La spiritualité et les activités religieuses
Chaturvimsamsa	D24	L'instruction, la connaissance, l'éducation, les *siddhis*
Nakshatramsa	D27	Forces et faiblesses - notre propre nature
Trimsamsa	D30	Les maux, les calamités, les ennuis, certaines maladies
Khavedamsa	D40	Les événements favorables et défavorables
Akshavedamsa	D45	Tous les secteurs de la vie (général)
Shashtyamsa	D60	Tous les secteurs de la vie (général), le *Karma* des vies précédentes

Hora divise le thème racine en 2 parties égales de 15 ° ; Drekkana (Décans) , en 3 parties égales de 10° ; Navamsa (Novenaire) en 9 parties égales, ect[7]… Voici quelques exemple de tables de divisions.

---

[7] Il y a plusieurs méthodes pour les obtenir. La méthode Parashara est la plus recomandée.

Table Hora (D-2)

	Bél	Tau	Gém	Can	Lio	Vie	Bal	Sco	Sag	Cap	Ver	Poi
00° - 15°	Lio	Can	Lio	Can	Lio	Can	Lio	Can	Lio	Can	Lio	Can
15° - 30°	Can	Lio	Can	Lio	Can	Lio	Can	Lio	Can	Lio	Can	Lio

Table Drekkana (D-3)

	Bél	Tau	Gém	Can	Lio	Vie	Bal	Sco	Sag	Cap	Ver	Poi
00° - 10°	Bél	Tau	Gém	Can	Lio	Vie	Bal	Sco	Sag	Cap	Ver	Poi
10° - 20°	Lio	Vie	Bal	Sco	Sag	Cap	Ver	Poi	Bél	Tau	Gém	Can
20° - 30°	Sag	Cap	Ver	Poi	Bél	Tau	Gém	Can	Lio	Vie	Bal	Sco

Table Drekkana (D-9)

		Bél	Tau	Gém	Can	Lio	Vie	Bal	Sco	Sag	Cap	Ver	Poi
1	00° 00' - 03° 20'	Bél	Cap	Bal	Can	Bél	Cap	Bal	Can	Bél	Cap	Bal	Can
2	03° 20' - 06° 40'	Tau	Ver	Sco	Lio	Tau	Ver	Sco	Lio	Tau	Ver	Sco	Lio
3	06° 40' - 10° 00'	Gém	Poi	Sag	Vie	Gém	Poi	Sag	Vie	Gém	Poi	Sag	Vie
4	10° 00' - 13° 20'	Can	Bél	Cap	Bal	Can	Bél	Cap	Bal	Can	Bél	Cap	Bal
5	13° 20' - 16° 40'	Lio	Tau	Ver	Sco	Lio	Tau	Ver	Sco	Lio	Tau	Ver	Sco
6	16° 40' - 20° 00'	Vie	Gém	Poi	Bél	Vie	Gém	Poi	Bél	Vie	Gém	Poi	Bél
7	20° 00' - 23° 20'	Bal	Can	Bél	Cap	Bal	Can	Bél	Cap	Bal	Can	Bél	Cap
8	23° 20' - 26° 40'	Sco	Lio	Tau	Ver	Sco	Lio	Tau	Ver	Sco	Lio	Tau	Ver
9	26° 40' - 30° 00'	Sag	Vie	Gém	Poi	Sag	Vie	Gém	Poi	Sag	Vie	Gém	Poi

Pour le thème d'exemple, quelques vargas sont présentés:

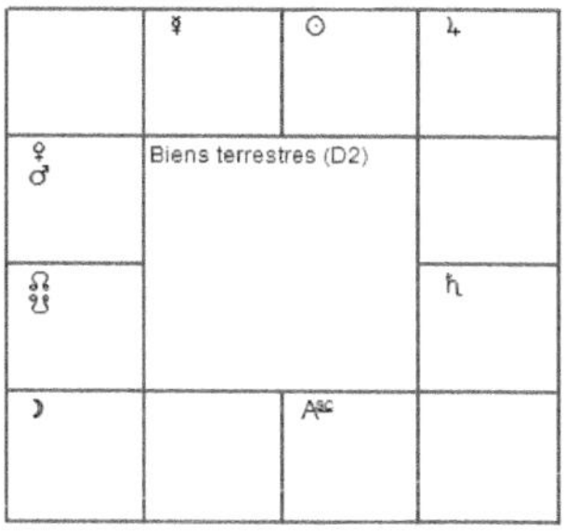

☿	☉	♃
♀ ♂	Biens terrestres (D2)	
☊ ☋		♄
☽	Asc	

♂	♃	☊
☉	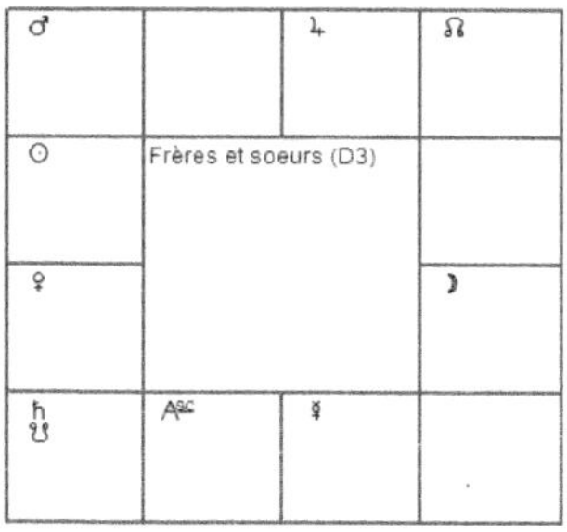 Frères et soeurs (D3)	
♀		☽
♄ ☋	Asc	☿

♂	☉	
☋	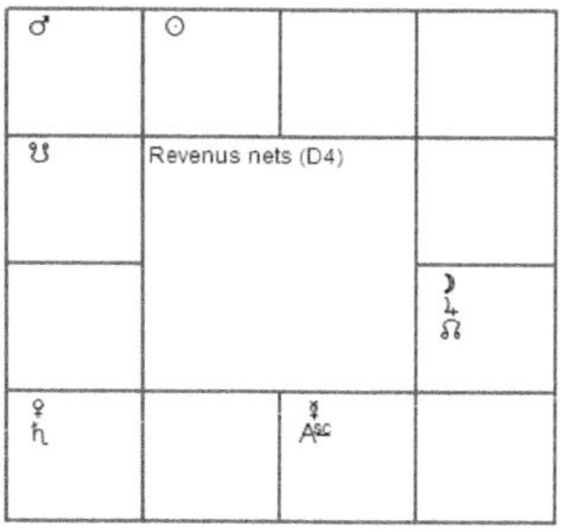 Revenus nets (D4)	
		☽ ♃ ☊
♀ ♄	☿ Asc	

☋		♀
	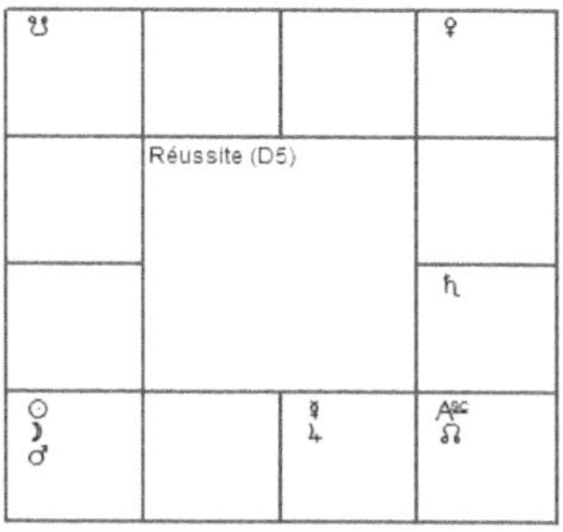 Réussite (D5)	
		♄
☉ ☽ ♂	☿ ♃	Asc ☊

☽ ☿	♄	
	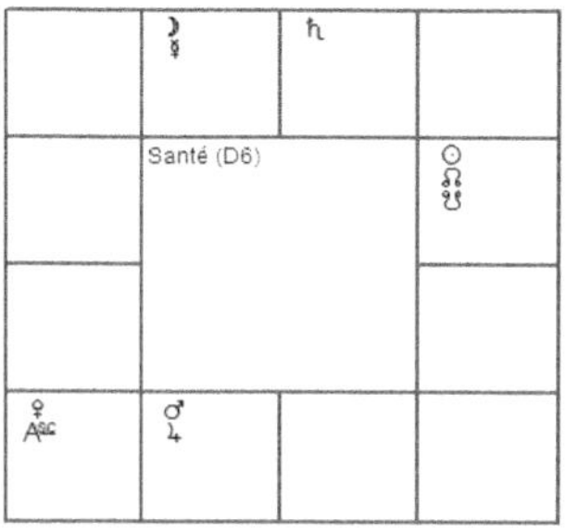 Santé (D6)	☉ ☊ ☋
♀ Asc	♂ ♃	

Asc	♀	☊
	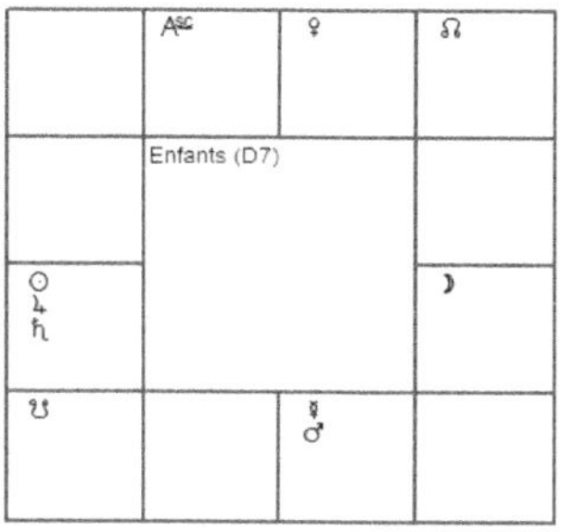 Enfants (D7)	
☉ ♃ ♄		☽
☋		☿ ♂

☉ ♃ ☊	♀	☽ ♄
	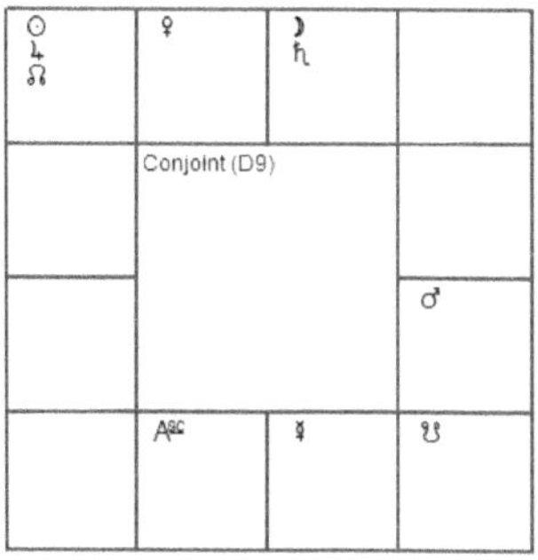 Conjoint (D9)	
		♂
Asc	☿	☋

☉	♃	
☋	 Profession (D10)	Asc
♂ ♄		♀ ☊
	☿	☽

☋	☉	♂
♄	 Parents (D12)	
♀		♃
Asc	☿	☽ ☊

♀ ☿	☿	♃
☽	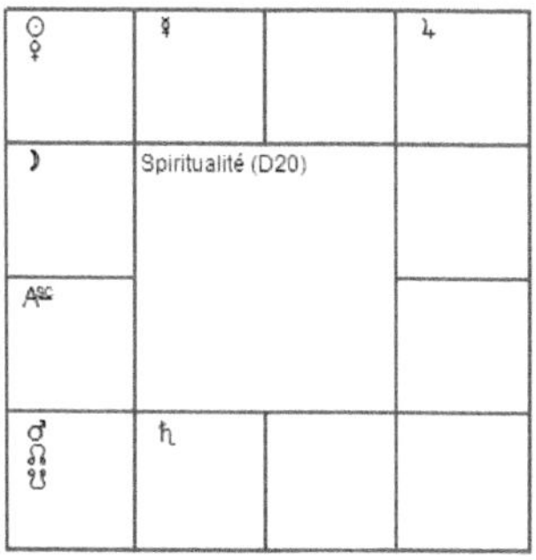 Spiritualité (D20)	
Asc		
♂ ☊ ☋	♄	

♀		Asc
♃	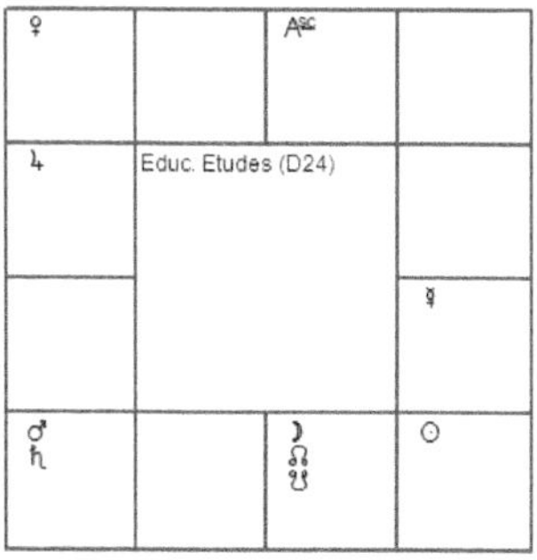 Educ. Etudes (D24)	
		☿
♂ ♄	☽ ☊ ☋	☉

Asc	☽ ☿	☊ ☋
♄	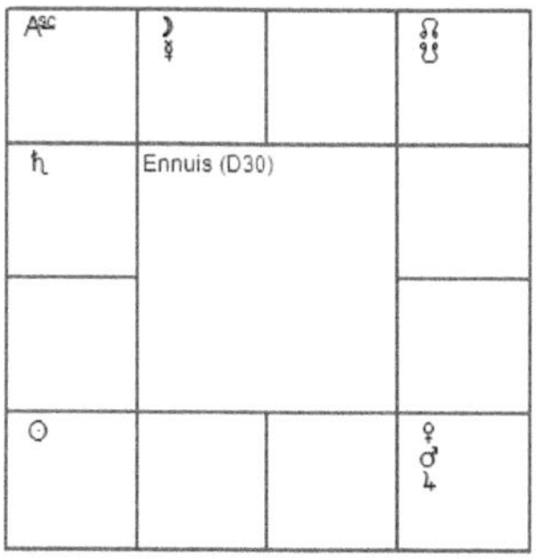 Ennuis (D30)	
☉		♀ ♂ ♃

Pada 2

SU. 1. Adhaswamsograhanam.

Après avoir déterminé l'Atmakaraka parmi les différentes planètes, vérifiez les effets de sa position dans le Navamsa.

SU. 2. Panchamooshikamarjaraha.

Si l'Atmakaraka occupe Mesha dans le Navamsa, alors la personne sera soumise à la peur et aux morsures des rats, des chats et d'autres animaux similaires.

SU. 3. Tathra chatushpadaha.

Si Atmakaraka se trouve dans le Taureau dans le Navamsa, il y aura la peur des animaux de type quadrupède.

SU. 4. Mrithyow kandooh sthotilyam cha.

Si Atmakaraka occupe Mithuna, la personne souffrira de grosseur, de démangeaisons et d'éruptions cutanées.

SU. 5. Dure jalakushtadih.

Si l'Atmakaraka occupe le Kataka Navamsa, les dangers et les troubles viennent des lieux aquatiques et de la lèpre.

SU. 6. Seshahas wapadani.

Si l'Atmakaraka rejoint le Navamsa Simha, les troubles viendront par le biais des chiens et autres animaux de ce genre.

SU. 7. Mrithyuvajjayognikanascha.

Si Atmakaraka est dans Kanya Navamsa, le natif souffrira de feu, de démangeaisons et de corpulence.

SU. 8. Labhe vanijyam.

Si l'Atmakaraka rejoint Thula Navamsa, la personne gagnera beaucoup d'argent par la marchandise.

SU. 9. Arrajalasareesrupaha sthanyachanischa.

Si l'Atmakaraka rejoint Vrischikamsa, la personne aura peur et sera menacée par les animaux aquatiques, les serpents et il n'aura pas de lait de sa mère.

SU. 10. Même vahanaducchaccha kramatpatanam.

Si l'Atmakaraka joint le Navamsa de Dhanus, la personne aura des souffrances et des dangers dus aux chutes, des moyens de transport, des chevaux, etc. et aussi des endroits élevés comme les arbres, les maisons, les collines et les montagnes.

SU. 11. Jalachara khechara kheta kandu dushtagranthayascha riphay.

Si l'Atmakaraka se mêle à Makara, la personne aura des problèmes et des chagrins causés par les animaux aquatiques, les oiseaux féroces, les maladies de la peau, les grandes blessures et dilatations des ganglions.

SU. 12. Tatakadayo dharmay.

Si l'Atmakaraka occupe Kumbha Navamsa la personne fera des charités sous forme de construction de puits, de pistes, de topes ou de jardins, des temples et des dharmasalas ou chatrams.

SU. 13. Uchhe dharmanityata kaivalyam cha.

Si l'Atmakaraka occupe Meena navamsa, la personne sera attachée aux actions vertueuses et de charités, et prendra résidence dans les Swargadi Lokas ou atteindra la félicité finale ou ce que les auteurs sanskrits appellent Moksha ou émancipation finale ou liberté des renaissances.

Notes

Concernant le thème d'exemple, le Soleil (AK) se trouve en poissons dans le Navamsa (D-9) : « *Si l'Atmakaraka occupe Meena navamsa, la personne sera attachée aux actions vertueuses et de charités, et prendra résidence dans les Swargadi Lokas ou atteindra la félicité finale ou ce que les auteurs sanskrits appellent Moksha ou émancipation finale ou liberté des renaissances.* » En réalité, le natif est tournee vers l'etude de la metaphysique, de l'esoterisme, le monde intérieur, le sacré prime sur le mode exotérique.

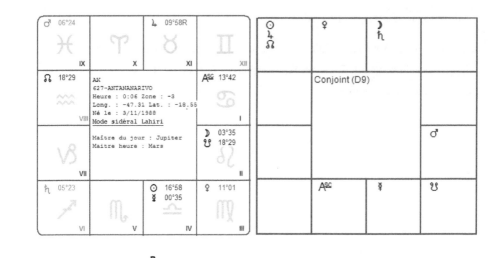

SU. 14. Tatra ravou rajakaryaparaha.

Si le Soleil occupe le Karakamsa[8], la personne aimera le service public et travaillera dans des activités politiques.

SU. 15. Poornendusukrayorbhogee vidyajeevee cha.

Si la Pleine Lune et Vénus se joignent à Atmakaraka dans le Navamsa, la personne commandera de grandes richesses et tous les conforts qui en découlent. Il gagnera aussi de l'argent et vivra de la profession de l'éducation.

SU. 16. Dhatuvadee kountayudho vahnijeevee cha bhoume.

Lorsque Kuja rejoint Atmakaraka dans le Navamsa, la personne devient grande dans la préparation de diverses mixtures médicales, portera des armes comme le kuntayudha et d'autres armes, et vit d'une profession impliquant des préparations dans ou près du feu.

SU. 17. yanijatantuvayaha silpino vyavaharavidascha soumye.

---

[8] Le signe dans lequel l'atmakaraka est placé dans navamsha.

Si Budha se joint à l'Atmakaraka dans le Navamsa, ces personnes deviennent des commerçants, des tisserands et des fabricants de vêtements, des artistes et des artistes et personnes habiles à préparer des curiosités, et ceux qui sont bien versés dans les affaires des affaires sociales et politiques.

SU. 18. Kairmagnunanishta vedavidascha jeevay.

Lorsque le Guru joint l'Atmakaraka dans le Navamsa, la personne sera bien versée dans les rituels védiques ou religieux, aura une sagesse religieuse, sera bien connue dans les règles des fonctions sacrificielles et aura une bonne connaissance du Vedanta et sera un homme religieux.

SU. 19. Rajakeeyaha kaminaha satendriyascha sttkre.

Si Sukra se combine avec l'Atmakaraka dans le Navamsa, la personne deviendra un grand fonctionnaire ou un personnage politique, aimera beaucoup de femmes et conservera sa vitalité et ses passions sexuelles jusqu'à l'âge de cent ans.

SU. 20. Prasiddhakarma jeevaha sanow.

Si Sani se joint à Atmakaraka dans le Navamsa, il produira une personne personne célèbre dans son domaine d'activité.

SU. 21. Dhanushkaschouvrascha jangalikalohayantrinascha rahow.

Si Rahu se mêle à l'Atmakaraka dans le Navamsa, la personne vivra de l'utilisation habile d'instruments de guerre, elle gagnera son pain comme un voleur et dacoït ; elle devient un médecin qui s'occupe de poisons, fabricant d'or, d'argent, de cuivre et d'autres machines métalliques.

SU. 22. Gajavyavaharinaschourrascha kethau.

Lorsque Ketu se joint à l'Atmakaraka dans le Navamsa, les personnes nées sous cette combinaison font le commerce des éléphants ou deviennent voleurs.

SU. 23. Ravirahubhyam sarpanidhranam.

Si Ravi et Rahu rejoignent Atmakaraka dans le Navamsa, la personne meurt par morsures de serpent.

SU. 24. Subhadrislhte thannivrittihi.

Si des éléments bénéfiques s'associent au Yoga mentionné ci-dessus, il n'y aura pas de décès par morsure de serpent.

SU. 25. Subhamatrasambandhajjjanagulikaha.

Si Ravi et Rahu se joignent à Atmakaraka dans le Navamsa et n'ont que des aspects bénéfiques, la personne n'aura pas de morsures de serpent, mais elle deviendra un médecin qui s'occupe uniquement de sujets empoisonnés.

SU. 26. Kujarnatradrishtegrihadahako agnido va.

Si Ravi et Rahu se joignent à Atmakaraka dans le Navamsa, et ont l'aspect maléfique de Kuja, la personne brûlera des maisons ou prêtera du feu et d'autres aides aux incendies.

SU. 27. Stukradrish te na dahaha.

Si Ravi et Rahu rejoignent Atmakaraka dans le Navamsa et ont l'aspect de Sukra, la personne ne brûlera pas les maisons elle-même, mais prêtera le feu aux voyous qui le font.

SU. 28. Gurudrishte twasameepagrihat.

Si Ravi et Rahu se joignent à Atmakaraka dans le Navamsa, mais ont l'aspect de Guru seul, la personne brûlera des maisons à une certaine distance de la sienne.

SU. 29. Sagulike vishado vishahato va.

Si le Karaka Navamsa tombe dans Gulika[9] kala ou dans le temps gouverné par Gulika, la personne administrera du poison à d'autres personnes et les tuera ou sera tuée de telle manière par d'autres.

Notes

Ici, nous devons apprendre ce qu'on entend par Gulikakala et le temps qu'il gouverne. Ravi, Chandra, Kuja, Budha Guru, Sukra et Sani sont appelés Grahas. Ils ont des upagrahas ou des fils. Sukra et Chandra n'ont pas reçu d'Upagrahas. Sani a un fils, il s'agit de Gulika. Pour determiner le temps gouvernee par Gulika, il convient de connaître l'heure, pour un lieu donné, du lever (le soleil est en conjonction avec la maison I) et du coucher du Soleil (le soleil est en conjonction avec la maison

---

[9] Le GULIKAKALA est calculé en fonction de l'heure du jour et de la nuit, qui déterminera la position du Gulika dans le thème. On dit qu'un jour de 24 heures comprend 60 ghatis dont 30 ghatis pendant le jour et 30 ghatis pendant la nuit. Le Gulika se lève le 26, 22e, 18e, 14e, 10e, 6e, 2e ghati, du dimanche au samedi. Pendant la nuit, il se lève dans l'ordre inverse, c'est-à-dire le 2ème, le 6ème, 10ème et ainsi de suite, du jeudi au mercredi. Ces périodes d'une heure et demie sont généralement considérées comme peu propices au démarrage de toute de nouvelles entreprises.

VII) ; calculer la durée exacte du jour (heure du coucher du Soleil - heure du lever du Soleil) et de la nuit (du coucher du Soleil au lever du Soleil le lendemain) ; diviser la durée du jour et de la nuit, chacune en 8 portions égales en attribuant à chacune des 8 portions, une planète du septénaire, la portion attribuée à Saturne est celle de Gulika, la portion après celle de Saturne n'est régie par aucune planète[10]. Gulika entre également en action, si l'Asc du lieu a une heure et date donnnée est en conjonction avec Saturne.

SU. 30. Chandrudrishtau chorapahritadharnaschouro va.

Si Chandra aspecte l'Atmakaraka Navamsa tombant dans Gulikakala, la personne sera un receleur de biens volés ou deviendra elle-même un voleur.

SU. 31. Budhamatradrishte brihadbeejaha.

Si l'Atmakaraka Navamsa tombe dans Gulikakala et possède seulement l'aspect de Budha, la personne aura des testicules élargis.

SU. 32. Tathra kethow papadrishte karnachchedaha kurnarogo va.

Si Ketu rejoint l'Atmakaraka Navamsa, la personne aura les oreilles coupées ou souffrira de graves problèmes d'oreilles.

SU. 33. Sukradrishte deekshitaha.

Si Atmakaraka et Ketu dans le Navamsa, ont l'aspect de Sukra, la personne deviendra un Deekshita ou un exécutant de Yagnyas ou de sacrifices religieux.

SU. 34. Buidhasanidrishte nirveeryaha.

Si l'Atmakaraka avec Ketu dans le Navamsa a les aspects de Budha et Sani, il faut prédire la liaison d'un impuissant ou d'un eunuque.

Notes

---

[10] Les portions diurnes (jour) sont régies par les planètes selon l'ordre des jours de la semaine (Soleil, Lune, Mars, Mercure, Jupiter, Vénus, Saturne, rien. La 1ère portion nocturne (nuit) est régie par la planète correspondant au 5ème jour de la semaine compté à partir du jour.

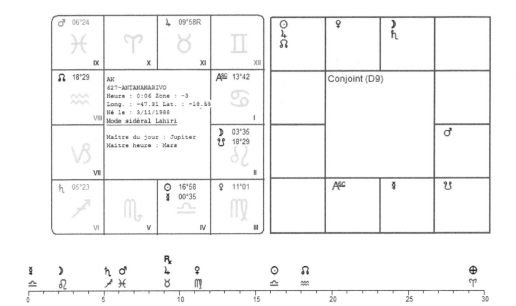

Le Soleil (AK) se trouve en Poissons dans le Navamsa (D-9) avec Jupiter (Guru) : « *Lorsque le Guru joint l'Atmakaraka dans le Navamsa, la personne sera bien versée dans les rituels védiques ou religieux, aura une sagesse religieuse, sera bien connue dans les règles des fonctions sacrificielles et aura une bonne connaissance du Vedanta et sera un homme religieux.* » Ce qui est le cas, car le natif a déjà pratiqué le yoga Raja, il a aussi rendu hommage à une certaine divinité hindoue, il est versé dans les pratiques d'évocations magiques.

Le Soleil est aussi avec Rahu dans le Navasma : « *Si Rahu se mêle à l'Atmakaraka dans le Navamsa, la personne vivra de l'utilisation habile d'instruments de guerre, elle gagnera son pain comme un voleur et dacoït ; elle devient un médecin qui s'occupe de poisons, fabricant d'or, d'argent, de cuivre et d'autres machines métalliques* ». Ce qui est le cas, car le natif est un médecin diplômé d'Etat.

SU. 35. Btrdhasukradrishte pounah puniko dasipttree va.

Si le Karakamsa[11] Rasi avec Ketu a l'aspect de Sukra et Budha, la personne parlera en répétant et répétant les mêmes idées ou sera le fils d'une prostituée ou d'une danseuse.

SU. 36. Sanidrishte tapaswee preshyo va.

---

[11] Maitre de l'AK dans le D9

Si le Karakamsa avec Ketu a l'aspect de Sani, il deviendra un Tapaswi ou reclus ou sera dépendant et serviteur de quelqu'un.

SU. 37. Sanimatradrish te sanyasabhasaha.

Si dans la combinaison ci-dessus il n'y a que l'aspect de Sani et qu'il n'y a aucun autre aspect planétaire, il prendra l'apparence d'un sanyasi, mais ne sera pas un vrai ou réel sanyasi. Il sera un imposteur.

SU. 38. Tatra ravisukradrishte rajapreshyah.

Si Ravi et Sukra aspectent le Karakamsa, la personne sera employée par des personnages royaux ou politiques pour faire leur travail. Il sera leur confident.

SU. 39. Ripphe budhe budhedrishte va mandavat.

Si le dixième du Karaka Navamsa possède l'aspect de Budha, il obtiendra des résultats similaires à ceux donnés par Sani.

SU. 40. Shzubhadrishte stheyaha.

Si le dixième de Karakamsa possède un aspect bénéfique, la personne sera d'une grande détermination et jamais capricieuse.

SU. 41. Ravow gurumatradrishzte gopalahu.

Si le 10ème du Karakamsa, il y a Ravi possédant seulement l'aspect de Guru et aucun autre aspect, la personne aura du succès par la vente de vache, de taureaux et d'autre bétail.

SU. 42. Dare chandrasukradigyogatprasadaha.

Si le seigneur du 4ième du Karakamsa est rejoint ou aspecté par Chandra et Sukra, la personne sera bénie avec des maisons à étages.

SU. 43. Ucchagrahe api.

Si la quatrième place du Karakamsa est occupée par une planète exaltée, la personne aura beaucoup de belles et splendides maisons.

SU. 44. Rahusan ibhyam silagriham.

Si la quatrième du Karakamsa est occupée par Rahu et Sani, les maisons seront construites avec des pierres brutes et pas bien enduites.

SU. 45. Kuja Ketubhyamaishtikam.

Si le 4e de Karakamsa est occupé par Kuja et Ketu, les maisons seront construites en briques, en mottes de terre.

SU. 46. Guruna daravam.

Si le 4e de Karakamsa est occupé par Guru, des maisons en bois seront construites par le natif.

SU. 47. Tharnamravina.

Si le 4ème est occupé par le Soleil, les maisons seront construites en chaume et d'herbes.

SU. 48. Même shubhayogaddharmanityaha satyavaadee gtinubhaktascha.

Si le 9e de Karakamsa est occupé ou aspecté par des bénéfiques, la personne aura la vérité comme idéal et devise. Elle aura une conduite juste, aimera la vérité et sera fidèle et consciencieuse envers ses aînés, les précepteurs et les Gurus.

SU. 49. Un nyatha papaihi.

Si le 9ème de Karakamsa a une conjonction ou des aspects mauvais, il aura un caractère tout à fait inverse. Il sera menteur, peu charitable et pécheur, et n'aura aucune foi et aucun respect pour les Gurus et les aînés.

SU. 50. Sanirahubhyam gutrudrohaha.

Si Sani et Rahu occupent ou aspectent le 9ème de Karakamsa, la personne deviendra ingrate envers les Gurus et les trahira.

SU. 51. Ravigurubhyam g-irovavisvasaha.

Si Guru et Ravi occupent ou aspectent le 9ème de Karakamsa, il n'aimera pas ses parents, ses aînés et ses précepteurs.

SU. 52. Tatra bhrigwongaraka varge paradarikaha.

Si le 9ème de Karakamsa tombe dans un des shadvargas de Sukra et Kuja, il aimera les femmes des autres.

SU. 53. Drigyogabhyamndhikabhyamamuranam.

Si Kuja et Sukra rejoignent ou aspectent le 9ème de Karakamsa, la personne aura la mauvaise habitude de séduire et de garder des gratifications illégales jusqu'à la fin de sa vie.

SU. 54. Ketuna pratibandhaha.

Si le 9ème de Karakamsa a la conjonction ou l'aspect de Ketu, il aura un penchant pour les femmes pendant un certain temps, puis abandonnera cette mauvaise tendance.

SU. 55. Guruna strainaha.

Si le 9ème de Karakamsa a la conjonction ou l'aspect de Guru, il aura un penchant excessif pour les autres femmes.

SU. 56. Rahunarthanivrittihi.

Si le 9ème de Karakamsa est conjoint ou aspecté par Rahu, la personne perdra toute sa richesse à cause des excès féminins.

SU. 57. Labhe chandragurubhyam sundaree.

Si Guru et Chandra occupent la 7ème position du Karakamsa, l'épouse sera belle et aimante.

SU. 58. Rahuna vidhava.

Si le 7ème du Karakamsa se joint à Rahu ou a son aspect, la personne aura des veuves pour lien.

SU. 59. Sanina vayodhika roginee tapaswinee va.

Si le 7ème de Karakamsa est occupé ou aspecté par Sani, l'épouse sera plus âgée ou sera malade ou sera une tapaswini ou une femme qui sera engagée dans des méditations religieuses.

SU. 60. Kujena vikalangee.

Si Kuja atteint la 7ème position depuis le Karakamsa, l'épouse sera déformée ou il y aura un défaut dans ses membres.

SU. 61. Ravina swakule gupta cha23.

Si Ravi occupe ou aspect le 7ème de Karakamsa, l'épouse sera protégée des membres de la famille du mari et n'aura pas de défauts dans ses membres.

SU. 62. Budhena kalavatee.

Si Budha se joint au 7ème ou l'aspect du 7ème de Karakamsa, la femme sera bien versée dans la musique, les arts, la danse et autres belles réalisations.

SU. 63. Chape chandrenanavrite dese.

Si Chandra occupe la 4ème position de Karakamsa, la première union sexuelle des épouses, mentionnée dans les sutras ci-dessus, aura lieu dans un lieu ouvert, non couvert par une racine ou un plafond.

SU. 64. Karmani pape shooraha.

Si la 3e du Karakamsa contient des planètes maléfiques, la personne devient courageuse et guerrière.

SU. 65. Subhe kataraha.

Si le 3ème du Karakamsa contient des planètes bénéfiques, la personne devient lâche.

SU. 66. Mrityuchintyayoh pape karshakafha.

Si le 3ème et le 6ème de Karakamsa sont occupés par des maléfiques, la personne vit du labourage et de l'agriculture.

SU. 67. Même gurow viseshena.

Si le Guru occupe le 9ème de Karakamsa, il deviendra un grand agriculteur.

SU. 68. Ucche shurbhe shubhalokaha.

Si les bénéfiques occupent le 12ème de Karakamsa, la personne va dans les Lokas supérieurs.

SU. 69. Ketow kaivalyam.

Si un bénéfique occupe Karakamsa, la personne aura Moksha ou la félicité finale.

SU. 70. Kriyochapayorviseshena.

Si Karakamsa est Mesha ou Dhanus avec des bénéfiques, le sujet obtiendra Moksha. Si Mesha ou Dhanus se trouve être le 12ème de Karakamsa et que Ketu est là, la personne obtiendra Moksha.

SU. 71. Papair anyatha.

Si le 12ème du Karakamsa est occupé par des planètes maléfiques, il ira en enfer et n'aura pas de félicité.

72. Raviketubhyam shive bhaktihi.

Si Ravi et Ketu sont dans Karakamsa, la personne deviendra un Saivite ou un adorateur de Shiva.

SU. 73. Chandrena gauryam.

Si Chandra rejoint Karakamsa, la personne vénérera Gouri, la femme de Shiva.

SU. 74. Sukrena lukshmyom.

Si Sukra rejoint Karakamsa, il adorera Lakshmi, épouse de Vishnu.

SU. 75. Kujena skande.

Si Kuja occupe Karakamsa, il devient un adorateur de Skanda ou de

Shanmukha le fils guerrier de Shiva.

SU. 76. Budhasanibhyam vishnow.

Si Budha et Sani occupent Karakamsa, il devient un adorateur de Vishnu.

SU. 77. Guruna sambasive.

Si Karakamsa est rejoint par Guru, il adorera Sambasiva ou Parvati et Paramesvara.

SU. 78. RahurJa thamasyam durgayam cha.

Si Rahu rejoint Karakamsa, la personne adorera les mauvais esprits et

SU. 79. Ketuna ganese skande chaz.

Si Ketu rejoint Karakamsa, la personne devient un dévot de Ganesa et de Kumaraswami.

SU. 80. Paparkshe mande kshudradevata.

Si Sani occupe le Karakamsa tombant dans un signe mauvais, la personne devient devient un grand dévot des mauvais esprits.

SU. 81. Sukre cha.

Si Sukra occupe le Karakamsa maléfique, la personne adorera les diables, les esprits, etc.

SU. 82. Amatyadashay chaivam.

Si le 6ème d'Amatyakaraka rejoint le Karakamsa maléfique, la personne se consacre à l'adoration des mauvais esprits.

SU. 83. Trikone popadwaye mantrikaha.

Si le 5ème et le 9ème du Karakamsa sont occupés par des planètes maléfiques, la personne devient un Mantrika ou magicien et sera capable de dominer les diables et les mauvais esprits

SU. 84. Papadrishte nigrahakaha.

Si les planètes maléfiques dans les 5ème et 9ème de Karakamsa ont des conjonctions ou des aspects maléfiques, la personne devient un grand Mantra et sera capable d'extirper tous les mauvais esprits.

SU. 85. ShubhadrishtenuJgrahakaha.

Si les planètes maléfiques dans le 5ème et le 9ème de Karakamsa ont des aspects ou des conjonctions bénéfiques, la personne aidera les gens et leur fera du bien.

SU. 86. Sukrendou sukradrishte rasavadee.

Si Sukra est en aspect avec Karakamsa et la Lune, la personne devient un alchimiste.

SU. 87. Budhadrishte bhishak.

Si Karakamsa et Chandra ont l'aspect de Budha, la personne devient un homme de médecine.

SU. 88. Chape chandre sukr.adrishte pandusswithee.

Si la Lune est au 4e rang à partir de Karakamsa et a l'aspect de Sukra, la personne souffrira de la lèpre blanche.

SU. 89. Kujadrishte maharogaha.

Si Kuja aspect Chandra dans la 4ème maison à partir de Karakamsa, l'homme aura une forme de lèpre grave.

SU. 90. Kethtudrishte neelakushtam.

Si Chandra dans la 4ème maison du Karakamsa est aspecté par Ketu, la personne aura la lèpre noire.

SU. 91. Tata mritow va kujarahubhyam kshayaha.

Si le 4ème ou le 5ème de Karakamsa est rejoint par Kuja et Rahu, la personne souffrira de consomption ou de pthysis.

SU. 92. Chandradrishte nischayena.

Si ces Kuja et Rahu, mentionnés dans le sutra ci-dessus, ont l'aspect intérieur, la personne aura certainement de graves problèmes de santé.

SU. 93. Kujena pitakadihi.

Si le 4ème ou le 5ème du Karakamsa est occupé par Kuja, la personne souffrira de transpiration excessive, de coupures, de démangeaisons ou de furoncles et de plaies dans le le corps.

SU. 94. Ketuna grahani jalarogo va.

Si Ketu rejoint la 4ème ou la 5ème position de Karakamsa, l'homme souffrira de Grahani ou d'une sorte de maladie glandulaire et de maladies aqueuses telles que l'hydropisie, le diabète, etc.

SU. 95. Rahugulikabhyam kshudravishani.

Si le 4e ou 5e du Karakamsa est rejoint par Rahu et Gulika, il y aura des souffrances dues aux effets de poisons toxiques des rats, des chats, etc.

SU.96. Tatra sanow dhanushkaha.

Si le 4ème du Karakamsa est rejoint par Sani, la personne devient un expert pour infliger des blessures. Cela signifie qu'il sera compétent dans l'utilisation d'armes mortelles.

SU. 97. Ketuna ghutikoyanthree.

Si Ketu rejoint la 4ème en provenance de Karakamsa, la personne devient habile à préparer des horloges, des montres et d'autres machines à indiquer le temps.

SU. 98. Budhena paramahamso lagudee va.

Si le 4ème du Karakamsa est combiné par Budha, la personne devient un paramahamsa ou un grand yogi, ou quelqu'un qui porte Palasa

Danda, etc., montrant un Brahmacharya ou un Sanyasayoga de type particulier.

SU. 99. Rahuna lohayantree.

Si le 4e du Karakamsa est occupé par Rahu, il deviendra compétent dans la préparation de machines à partir de métaux ou un mécanicien intelligent.

SU. 100. Ravina khadgee.

Si Ravi se joint au 4ème du Karakamsa, la personne vit de son épée.

SU. 101. Kujena Kunthee.

Si Kuja rejoint le 4e de Karakamsa, il vivra par la profession de l'utilisation du Kuntayudha, des masses et des longs bâtons.

SU. 102. Matapitroschandragturubhyam grantha.

Si Chandra et Guru sont dans le Karakamsa ou dans le 5ème à partir de celui-ci, la personne deviendra un auteur et vivra en écrivant des livres.

SU. 103. Sukrena kinchidoonam.

Si Chandra et Sukra rejoignent Karakamsa ou la 5e maison à partir de celui-ci, la personne devient un auteur ordinaire.

SU. I 04. Bzidhena tato api.

La personne devient encore moins célèbre que dans le Sutra ci-dessus si Budha rejoint Chandra au lieu de Sukra dans le Karakamsa ou le 5ème de celui-ci.

SU. 105. Sukrena kavirwagmee kavyagnascha.

Si Sukra se joint à Karakamsa ou au 5ème de celui-ci, la personne devient un grand poète, un orateur éloquent et bien versé dans la poésie et la littérature.

SU. I06. Guruna sarvavid granthikascha.

Si Guru rejoint le Karakamsa ou le 5ème de celui-ci, il sera un homme complet et connaîtra de nombreuses branches de la connaissance, bien lu dans les sciences et auteur de divers ouvrages. Il devient un génie polyvalent.

SU. 107. Na vagmee.

Dans la combinaison de Guru ci-dessus, bien qu'une personne devienne savante elle ne deviendra pas un bon orateur et ne possédera pas de pouvoirs d'éloquence.

SU. 108. yissishyavaiyyakarano vedavedanthavichha.

Si le Guru atteint le Karakamsa ou le 5ème de celui-ci, la personne devient instruite en Vyakarana ou Grammaire, littérature védique et Vedangas.

SU. 109. Sabhajadaha sanina.

Si Sani atteint Karakamsa ou le 5ème de celui-ci, la personne devient nerveuse dans une assemblée.

SU. 110. Bzidhena nmeemamsakaha.

Si Budha rejoint le 1er ou le 5ème de Karakamsa, il brille comme un Meemamsaka.

SU. 111. Kujena nayyayikaha.

Si Kuja rejoint le 1er ou le 5e de Karakamsa, la personne deviendra un grand logicien.

SU. 112. Chandrena sankhyayogagnaha sahityagno gayakascha.

Si Chandra rejoint le 1er ou le 5ème de Karakamsa, la personne devient intelligente en matière de sankhyasastra, elle est instruite en langue, poésie, théâtre et autres sujets connexes, aura une grande maîtrise de la musique et d'autres réalisations.

SU. 113. Ravina vedanta geetagnascha.

Si Ravi se combine en 1er ou en 5ème de Karakamsa, la personne deviendra un grand Vedantiste et musicien.

SU. 114. Ketuna ganithagnaha.

Si Ketu se combine dans les maisons ci-dessus, la personne devient très versée en mathématiques.

SU. 115. Gurusambandhena sampradayasiddhih.

Si dans les combinaisons de planètes ci-dessus, Guru se joint ou est en aspect, la connaissance dans les différentes branches sera bien fondée et régulièrement formé selon les principes de ces sciences.

SU. 116. Bhagye chaivam.

Les résultats attribués pour les positions planétaires dans le 1er et le 5ème à partir de Karakamsa seront également valables pour des positions similaires dans le 2e de Karakamsa.

SU. 117. Sada chaiyamityeke.

Bha représente 4 et Ya dénote 1= 41, inversé nous obtenons 14, divisé par 12, le reste est 2. Sada =Sa représente 7, Da représente 8 = 78, dans l'ordre inverse nous avons 87, divisé par 12, le reste est 3. Par ceci l'auteur veut dire, tous les résultats des positions des planètes dans le 1er et le Karakamsa doivent ou peuvent être prédits par la combinaison des planètes ci-dessus dans les maisons 2 et 3 du Karakamsa

SU. 118. Bhagye kethowpapadrishte stabdhavak. Ketu dans la 2ème maison du Karakamsa, aspecté par des planètes maléfiques, rendra la personne indistincte ou lente à parler.

SU. 119. Swapitrupadadbhagyarogayoho papasamye kemadrumaha.

Si des planètes maléfiques se trouvent dans les 2e et 8e maisons de Janma Lagna[12] ou de l'Arudha Lagna, la personne souffrira de Kemadruma Yoga ou combinaison pour la grande pauvreté. Les mêmes résultats s'appliquent aux positions des planètes dans la 3e maison à partir de Karakamsa.

SU. 120. Chandradrishtow viseshena.

Si Chandra est en aspect des planètes maléfiques dans la combinaison ci-dessus, la personne souffre d'une pauvreté abjecte. La majorité des gens considèrent la pauvreté comme une grande malédiction.

SU. 121. Sarvesham chaiva pake.

Les résultats, mentionnés dans toutes les combinaisons ci-dessus nommées, seront expérimentés pendant tous les Dashas de Rasis ou dans leurs Antardashas ou périodes et sous-périodes des signes zodiacaux.

Notes

---

[12] Un autre nom donné à l'Ascendant.

```
| ♂ 06°24          |  ♃ 09°58R        |                  |
|   ♓              |   ♈    |   ♉    |    ♊             |
|   IX             |   X    |   XI   |    XII           |
| ☊ 18°29  | AK                              | Asc 13°42 |
|          | 627-ANTANANARIVO                |           |
|          | Heure : 0:06  Zone : -3         |           |
|          | Long. : -47.91  Lat. : -18.55   |           |
|          | Né le : 3/11/1988               |           |
|   VIII   | Mode sidéral Lahiri             |    I      |
|          |                                 | ☽ 03°35   |
|          | Maître du jour : Jupiter        | ☋ 18°29   |
|          | Maître heure : Mars             |           |
|   VII    |                                 |    II     |
| ♄ 05°23  |  ☉ 16°58        | ♀ 11°01         |
|          |  ☿ 00°35        |                 |
|   VI     |   V    |   IV   |    III          |
```

Mars, un maléfique se trouve dans la 8e du AL : « *la personne souffrira de Kemadruma Yoga ou combinaison pour la grande pauvreté* » dans la période ou sous période du Bélier regi par Mars.

Pada 3

SU. 1. Atha padam.

Les résultats basés sur Pada Lagna[13] seront décrits dans ce chapitre.

SU. 2. yyaye sagrahe grahadrishteva sreemantaha.

Si la 11ème maison de Pada Lagna est occupée ou aspectée par des planètes, la personne devient un sreemanta[14] ou un homme riche.

Notes

Prenons un exemple. L' AL est en Lion, la 11ᵉ du Lion tombe en Gémeaux, vide de planète.

---

[13] Déterminer la position dans laquelle se trouve le seigneur de l'ascendant. Comptez le nombre de maisons où le seigneur de l'ascendant est éloigné du signe de l'ascendant. La maison située, au même nombre de maisons de ce signe est connue sous le nom de Pada Lagna.

[14] S'applique à celui qui n'a pas connu la pauvreté de la naissance à la mort

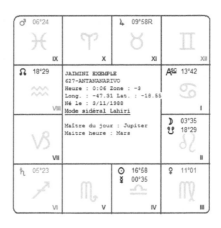

Bhavas	Position des arudha padas	Bhavas	Position des arudha padas
Asc (AL)	Lion	Maison VII (A7)	Balance
Maison II (A2)	Sagittaire	Maison VIII (A8	Vierge
Maison III (A3)	Balance	Maison IX(A9)	Cancer
Maison IV (A4)	Lion	Maison X (A10)	Capricorne
Maison V(A5)	Verseau	Maison XI (A11)	Capricone
Maison VI (A6)	Balance	Maison XII (A12)	Capricorne

SU. 3. Shubhairnyayallabhaha.

Quand le 11ème de Pada est occupé ou aspecté par des planètes bénéfiques, la la richesse viendra de canaux appropriés. Les gains proviendront de moyens justes et légaux.

SU. 4. Papairamargena.

Si les planètes en aspect ou en union dans le cas ci-dessus sont mauvaises, la richesse viendra par des moyens pécheurs et illégaux.

SU. 5. Ucchadibhirviseshath.

Si le 11 de Arudha Lagna est bien combiné et aspecté par des planètes bénéfiques ou ceux qui sont en exaltation, moolathrikona, etc. la personne acquerra beaucoup de richesses par des moyens justifiés.

Notes

♂ 06°24 ♓ IX	♃ 09°58R ♈ X	♉ XI	♊ XII
☊ 18°29 ♒ VIII	JAIMINI EXEMPLE 627-ANTANANARIVO Heure : 0:06 Zone : -3 Long. : -47.31 Lat. : -18.55 Né le : 3/11/1988 Mode sidéral Lahiri Maître du jour : Jupiter Maître heure : Mars	Asc 13°42 ♋	☽ 03°35 ☋ 18°29 ♌ II
♄ 05°23 ♐ VI	♏ V	☉ 16°58 ☿ 00°35 ♎ IV	♀ 11°01 ♍ III

Les Gémeaux sont aspectés par Saturne en Sagittaire, Mars en Poissons et Vénus en Vierge en chute.

« *La richesse viendra par des moyens pêcheurs et illégaux* ».

SU. 6. Neeche grahadrigyogadwayadhikyam.

S'il y a des planètes dans la 12ème maison à partir de Lagna, ou Pada Lagna, la personne dépensera plus qu'elle ne gagne.

SU. 7. Ravirahusukrairnrupath.

Si Ravi, Rahu et Sukra occupent ou aspectent la 12ème maison de Lagna ou Pada Lagna, la personne perdra de l'argent à cause du mécontentement du roi ou par des amendes et des confiscations.

Notes

Dans le thème d'exemple, la 12ᵉ du lagana est aspectee par Sukra (Vénus) : « *la personne perdra de l'argent à cause du mécontentement du roi ou par des amendes et des confiscation*s »

SU. 8. Chandradrishtau nischayena.

Si dans la combinaison du Sutra 7 il y a l'aspect de Chandra, les pertes se produiront certainement à travers les corps gouvernants.

SU. 9. Budhena gnathitho vivadadwa.

Si Budha occupe la 12ème maison à partir de Pada ou de Lagna ou s'il est en aspect avec, il y aura des pertes dues aux cousins, aux relations et aux litiges.

SU. 10. Guruna karamoolath.

Si Guru rejoint ou aspecte la 12ème à partir de Pada Lagna ou Lagna, l'homme perd de l'argent en payant de lourdes taxes gouvernementales.

SU. 11. Kujasanibhyam bhratrumukhat.

Si la 12ème de Lagna ou Pada Lagna est jointe ou aspectée par Kuja et Sani, la personne subira des pertes à cause de ses frères.

Notes

Dans le theme d'exemple, la 12ᵉ de AL est aspectee par Kuja et Sani. « *La personne subira des pertes à cause de ses frères* »

SU. 12. A etairvyaya aevam labhaha.

Les résultats ont été donnés pour la 12ème maison à partir de Lagna ou Pada Lagna et les différentes sources de pertes ont été indiquées. Si ces planètes sont dans la 11ème maison, alors au lieu de perdre de l'argent, il en gagnera grâce aux sources qui ont été indiquées au crédit des planètes. Si les planètes sont dans la 12ème maison, il perdra de l'argent ; si elles sont dans la 11ème maison, il en gagnera.

SU. 13. Labhe rahuKetubhyamudararogaha.

Si la 7ème maison de Pada est en conjonction ou en aspect avec Rahu ou Ketu, la personne souffre de maladies d'estomac.

Notes

♂ 06°24 ♓	♈	♃ 09°58R ♉	♊
IX	X	XI	XII
☊ 18°29 ♌ VIII	JAIMINI EXEMPLE 627-ANTANANARIVO Heure : 0:06 Zone : -3 Long. : -47.31 Lat. : -18.55 Né le : 3/11/1988 Mode sidéral Lahiri		Asc 13°42 I
	Maître du jour : Jupiter Maître heure : Mars		☽ 03°35 ☋ 10°29 II
♄ 05°23 VI	☉ 16°58 ☿ 00°35 V	♀ 11°01 IV	III

Dans le thème d'exemple, Rahu est dans la 7ᵉ du AL : « *la personne souffre de maladies d'estomac* »

SU. 14. Tatra Ketuna jhatithi jyanilingani.

Si Ketu occupe la 2ème maison de Pada Lsgna, la personne présentera des signes de vieillesse, bien qu'elle soit jeune. Elle présentera des rides au-delà de son âge normal. Si dans la 6ème maison de Pada Lagna, des planètes maléfiques se combinent, la personne deviendra un voleur. Si les maisons 2e et 6e de Pada Lagna sont occupées par des planètes bénéfiques sans mauvais aspects, la personne sera gouverneur de nombreux pays.

SU. 15. Chandragurusukreshtt sreemantaha.

Si Chandra, Guru ou Sukra occupent la 2ème place à partir de Pada Lagna, il deviendra un homme riche. Ici, toutes ces planètes peuvent être en seconde position ou l'une d'entre elles.

SU. 16. Uchhena va.

Si les planètes mauvaises ou bonnes sont en exaltation dans la deuxième maison à partir de Pada; la personne devient riche.

SU. 17. Svamsavadanyatprayena.

Tous les résultats expliqués dans les sutras ci-dessus auront une application et une référence comme ils l'ont eu dans le Karakamsa.

SU. 18. Lnbhapade kendre thrikone va sreeman taha

Si Arudha Lagna tombe au 7ème rang de Janma Lagna ou Karakamsa ou dans les Kendras ou Konas, la personne devient extrêmement riche.

SU. 19. Anyatha dusthe.

Si Arudha Lagna ne tombe pas dans Kendra ou Thrikona de Lagna mais tombe dans Dusthas 6, 8 et 12, les résultats seront mauvais.

SU. 20. Kendrathrikonopachayeshu dwayormaîtree.

Si le Saptamarudha tombe dans les Kendras, les Thrikonas ou les Upachayas de Janma Lagna, à l'exception du 6ème qui est classé comme un Dusthana, il y aura une grande entente entre la femme et le mari.

SU. 21. Ripurogachintasti vairam.

Si les Arudha Bhavas tombent en 6, 8 et 12 de Lagna, ils dénotent des maux pour ces Bhavas.

SU. 22. Patneelabhayordishtya nirabhasargalaya.

Si l'Arudha Lagna et le 7ème à partir de celui-ci n'ont pas d'Argalas obstructifs, la personne devient chanceuse.

SU. 23. Shtibhargale dhanasamriddhihi.

Si Arudha Lagna et le 7ème en partant de lui ont des Argalas bénéfiques, il y aura beaucoup d'argent.

SU. 24. Janmakalaghatikaswekadrishtasu rajanaha.

Si une planète est en aspect avec Hora Lagna, Ghatika Lagna et Janma Lagna, la personne devient un souverain ou son égal.

SU. 25. Patneelabhayoscha rasyamsakadrikanairva.

Si Chandra Lagna, Navamsa Lagna, Drekkana Lagna et les 7èmes maisons de ces trois sont aspectés par une planète, la personne devient un grand souverain ou un Maharaja.

SU. 26. Theshwekasminnyune nyunam.

Si sur les 6 Lagnas, c'est-à-dire Lagna, Ghatika Lagna, Hora Lagna, Chandra Lagna, Navamsa Lagna et Drekkana Lagna, une planète en voit cinq et non les six, la personne aura un Rajayoga ordinaire.

SU. 27. Evamamsa à drikanatascha.

Si les Navamsa, Hora et Ghatika Lagnas ou Drekkana, Hora et Ghatika Lagnas sont aspectés par une planète, il y aura Rajayoga.

Notes

Cette combinaison ne se produit que dans les vrais Rajayogas ou combinaisons royales. Si une planète exaltée occupe l'Arudha Lagna ou le Chandra, Guru et Sukra sont là et les Argalas obstructifs maléfiques ne sont pas là, alors que, là, il y a des Argalas bénéfiques, la personne atteindra une position royale.

SU. 28. Sukrachandrayormitho drishtayoh simhasthayorva yanavantaha.

Si Sukra et Chandra sont en aspect l'un par rapport à l'autre ou s'ils se trouvent dans la 3e maison l'un de l'autre, la personne sera bénie par divers moyens de transport.

SU. 29. SukrakujaKetushu vaithanikaha.

Si Sukra, Kuja et Ketu ont des aspects mutuels ou s'ils sont dans la 3ème maison l'un de l'autre, la personne aura un environnement aristocratique de par ses ascendants.

SU. 30. Swabhagyadaramatrubhavasameshu subheshu rajanaha.

Si les 2e, 4e et 5e Bhavas deviennent égaux au Karaka ou si des bénéfiques les occupent, la personne devient un Raja ou son égal en position.

SU. 31. Karmadusayoh papayoscha.

Si les 3ème et 6ème maisons à partir d'Atmakaraka sont égales ou si elles sont occupées par des maléfiques, il y aura des Rajayogas.

Notes

Dans le theme d'exemple, Saturne (Malefique) et Mars (Malefique) occupent respectivement la 3e et 6e maison du Soleil qui est AK. Il y a donc des Rajayogas.

♂ 06°24 ♓ IX	♈ X	♃ 09°58R ♉ XI	♊ XII
☊ 18°29 ♒ VIII	JAIMINI EXEMPLE 627-ANTANANARIVO Heure : 0:06 Zone : -3 Long. : -47.31 Lat. : -18.55 Né le : 3/11/1988 Mode sidéral Lahiri	Maître du jour : Jupiter Maître heure : Mars	Asc 13°42 ♋ I
♑ VII			☽ 03°35 ☋ 18°29 ♌ II
♄ 05°23 ♐ VI	♏ V	☉ 16°58 ☿ 00°35 ♎ IV	♀ 11°01 ♍ III

SU. 32. Pitnulabhadhipaschaivam.

Si les seigneurs de Lagna ou la 7ème, et les bénéfiques occupent le 2ème, 4ème, 5ème et 8ème, il y aura des Rajayogas.

SU. 33. Misre samaha.

S'il y a un mélange de bénéfiques et de maléfiques dans la combinaison ci-dessus, la personne atteindra des positions ordinaires.

SU. 34. Daridro vipareethe.

Si des planètes maléfiques occupent des signes bénéfiques et des planètes bénéfiques des signes maléfiques, la personne sera pauvre.

SU. 35. Matari gttrow sukre chandre va rajakeeyaha.

Si par rapport au seigneur de Lagna ou au le seigneur de la 7e, la 5e maison est occupée par Guru, Sukra ou Chandra, la personne devient un haut fonctionnaire du gouvernement et exerce des pouvoirs politiques.

SU. 36. Karmani dase va pape senanyaha.

Si des planètes maléfiques occupent les 3e et 6e à partir des seigneurs du Lagna ou du seigneur du 7e, la personne devient un commandant militaire.

SU. 37. Swapitrubhyam karmadashasthadrishtya tadeesadrishtya matrtunathadrishtya cha dheemantaha.

Si les seigneurs de la 3ème et de la 6ème à partir de Lagna et Atmakaraka sont en aspect avec ce dernier ou si les planètes dans ces maisons sont en aspect avec eux et si le seigneur de la 5ème est en aspect avec eux, la personne devient extrêmement intelligente.

SU. 38. Daresadrishtya sukhinaha.

Si Lagna et Karaka Lagna ont l'aspect du seigneur de la 4ème, la personne sera heureuse.

SU. 39. Rogesadrishtya daridraha.

Si le seigneur du 8ème de Lagna et Karaka Lagna les aspectent, la personne souffre de pauvreté.

SU. 40. Ripunathadrislitya vyayaseelaha.

Si le seigneur du 12ème de Lagna et Karaka Lagna les aspectent, la personne devient dépensière ou extravagante.

SU. 41. Swamidrishtya prabalaha.

Si le seigneur du Lagna est en aspect avec le Lagna et si le seigneur du Karaka Lagna est en aspect avec ce Lagna. Karaka Lagna aspectent ce Lagna, la personne aura de très bonnes Rajayogas.

SU. 42. Pacshadripubhagyayorgrahasamye bandhah konayo

ripujayayoho keetayugmayordarariphcyoscha.

Si à partir de Lagna, le 2ème et le 12ème ou le 5ème ou le 9ème ou le 12ème et le 6ème ou 4ème et 10ème ont le même nombre de planètes postées, la personne sera emprisonnée.

SU. 43. Sukradgounapadastho rahuh suryadrishlo netraha.

Si le 5ème de Arudha Lagna est occupé par Rahu et que Ravi l'accompagne, la personne perdra la vue.

SU. 44. Swadaragayoh sukrachandrayoratodyam rajachinhani cha.

Si Sukra et Chandra occupent la 4ème place à partir de l'Atmakaraka, la personne aura l'attirail de la royauté, c'est-à-dire, Nagara ou tambours, Noubhat, musique Chatras parapluies, Chamaras ou touffes de cheveux que les assistants agitent autour du personnage royal et autres signes et emblèmes de la royauté.

Pada 4

SU. 1. Upapadam padam pitraitucharat :

Prenez la 12ème maison du Lagna. Découvrez son Pada Lagna ou Arudha Lagna. Cela devient upapada.

SU. 2. Tatra papasya papayoge pravrajya daranasova.

Si l'upapada a une conjonction ou un aspect mauvais ou si le 2ème en partant de lui a une planète mauvaise, la femme mourra ou il embrassera le pravrajya ou le sanyasa ou l'ascétisme.

SU. 3. Upapadasyapyarudhatwadeva natra ravihi papaha.

Si le deuxième de l'Upapada est occupé par Ravi, il ne devient pas un maléfique.

SU. 4. Shzubhadrigyoganna.

Si, dans les combinaisons ci-dessus des Sutras 2 et 3 il y a des aspects ou des conjonctions aspects ou conjonctions bénéfiques, les résultats maléfiques ne doivent pas être prédits.

SU. 5. Neeche daranasaha.

Si le 2ème de l'upapada tombe en Neechamsa ou à la conjonction d'une planète Neecha ou débilitée, il y aura sûrement la mort de l'épouse dans cette période maléfique.

SU. 6. Ucchey bahudaraha.

Si, dans le deuxième de l'upapada, il y a une planète exaltée ou si le deuxième tombe dans un Navamsa exalté, la personne aura de nombreuses épouses.

SU. 7. Yugme cha.

Si le deuxième de l'upapada tombe dans Mithuna, la personne aura beaucoup d'épouses.

SU. 8. Tatra swamiyukte swarkshe va tadhhetazittnrayushi nirdaraha.

Si le 2ème de l'upapada est associé à l'Atmakaraka ou au seigneur de ce 2ème signe, la personne n'aura pas de femme dans la dernière partie de sa vie.

SU. 9. Ucche thasmin, nuttamakuladdrira labhaha.

Si le seigneur du 2ème de l'upapada se trouve en exaltation, sa femme sera issue d'une famille respectable.

SU. 10. Neeche viparyayaha.

Si le seigneur du 2ème de l'upapada rejoint un signe débilitant, le cas sera inversé.

SU. 11. Shubhasambandhatsundaree.

Si le deuxième de l'upapada a des aspects ou des conjonctions bénéfiques, l'épouse sera une très belle femme.

SU. 12. Rahusanibhyamapavadatyago naso va.

Si Sani et Rahu occupent ou aspectent la deuxième maison à partir de Upapada, l'épouse mourra ou sera rejetée par le mari pour des scandales sociaux.

SU. 13. Stikrakettibhyam raktapradaraha.

Si Sukra et Ketu occupent ou aspectent le deuxième de Upapada, l'épouse souffrira de pertes de sang ou de problèmes de sang.

SU. 14. Astisravo budhaKetubhyam.

Si le deuxième de Upapada a l'aspect ou la conjonction de Budha et Ketu, la femme de cette personne souffrira d'une maladie, et ses os seront dissous et lâchés.

SU.15. Saniraviruhubhirastijvaraha.

Si Sani, Ravi et Rahu rejoignent ou aspectent la 2ème maison à partir de Upapada, l'épouse souffrira d'une faible fièvre chronique ou persistante.

SU. 16. BudhaKetubhyam sthaulyam.

Si le deuxième de Upapada est observé ou conjoint à Ketu et Budha et Budha, la femme devient maladroitement corpulente.

SU. 17. Budhakshetre mandarabhyam nasikarogaha.

Si le second de Upapada tombe dans un des signes de Budha, c'est-à-dire Mithuna ou Kanya et possède l'aspect ou la conjonction de Sani et Kuja, l'épouse souffrira de maladies nasales ou d'affections plaintes du nez.

SU. 18. Ktijakshetre cha.

Si la deuxième maison à partir de Upapada tombe dans une des maisons de Kuja, c'est-à-dire Mesha ou Vrischika et a l'aspect de Kuja et Sani, les mêmes maladies nasales affecteront la femme de l'homme.

SU. 19. Gurusanibhyam karnarogo narahaka cha.

Si la seconde de Upapada tombe dans l'une des maisons de Kuja ou Budha et qu'il a l'aspect ou la conjonction de Guru, et de

Sani, la femme aura des problèmes d'oreille et aussi des maladies nerveuses.

SU. 20. Gururahubhyam dantarogaha.

Si le deuxième de Upapada tombe dans une des maisons de Budha ou de Kuja et a l'aspect de Guru et de Rahu, la femme souffrira de maladies dentaires.

SU. 21. Sanirahubhyam kanyathulayoho Pangurvatarogo va.

Si le second de Upapada tombe dans Kanya ou Thula et a l'aspect de Sani et de Rahu, l'épouse sera déficiente dans ses membres ou souffrira de maladies dues au vent.

SU. 22. Subhadrigyoganna.

Si dans les combinaisons données ci-dessus il y a des conjonctions ou des aspects bénéfiques, les maux disparaîtront et il ne faut pas prédire le mal.

SU. 23. Saptamamsagrahebhyaschaivam.

Les résultats ci-dessus peuvent également être prédits par le 7ème de Upapada, par le Kalatra Karakamsa et par les seigneurs de ces maisons.

SU. 24. Budhasanisukreshwanapatyaha.

Si le 7ème depuis Upapada et son seigneur et le seigneur de la Kalatra

Karakamsa et son seigneur - si tous ces quatre-là sont aspectés ou conjoints à Budha Sani et Sukra, la personne n'aura aucun progéniture.

SU. 24. Budhasanisukreshwanapatyaha.

Si le 7ème depuis Upapada et son seigneur et le seigneur de la Kalatra

Karakamsa et son seigneur - si tous ces quatre-là sont aspectés ou conjoints à Budha Sani et Sukra, la personne n'aura aucun progéniture.

SU. 25. Putreshu ravirahugurubhirbahuputraha.

Si la 5ème maison à partir de la 7ème, à partir de Upapada, son seigneur, le Kalatra Karakamsa et son seigneur ont des aspects ou des conjonctions de Ravi, Rahu et Guru, la personne aura de nombreux enfants.

SU. 26. Chandrenaikaputraha.

Si dans la combinaison donnée dans le Sutra 25, la cinquième n'a que l'aspect ou l'aspect ou la conjonction de Chandra, la personne aura un seul fils.

SU. 27. Misre yilambatnpuitraha.

Si dans la combinaison donnée dans le Sutra 25, Si le 5ème du Suta, la cinquième a des aspects, à la fois pour beaucoup de problèmes et aucun problème, alors prédisez un problème plus tard dans la vie.

SU. 28. Kujasanibhyam dattaputrahu.

Si la 5e maison, dans les combinaisons données dans le Sutra 25, a l'aspect ou conjonction de Kuja et Sani, la personne aura un fils adoptif.

SU. 29. Oje bahuputtaha.

Si la 5e des combinaisons mentionnées dans le Sutra 25 tombe dans un signe impair, la personne aura de nombreux enfants.

SU. 30. Yugme alpaprajaha.

Si le 5ème signe des combinaisons mentionnées ci-dessus tombe dans un signe pair, il y aura peu de problèmes.

SU. 31. Gruhakramatkukshitadeesapanchamamsagrahebhyaschaivam.

De même que vous trouvez auprès de Janmalagna des détails sur les enfants, de même vous vous renseignez sur la 5ème maison en considérant Upapada et son seigneur, et Putra Karakamsa Rasi et son seigneur.

SU. 32. Bhratrubhyam sanirahubhyam bhralrunasaha.

Si Sani et Rahu occupent le 11ème ou le 3ème de Upapada et de son seigneur, l'aîné et le cadet des frères meurent respectivement.

SU. 33. Sukrenavyavahitagarbhanasaha :

Si Sukra rejoint le 3e ou le 11e de Upapada et de son seigneur, les frères plus jeune et l'aîné des frères mourront.

SU. 34. Pitrubhave sukradrishtepi.

Si le Lagna ou la 8ème maison à partir de celui-ci a l'aspect de Sukra, on doit prédire une perte pour les frères aînés et cadets.

SU. 35. Kujagurzichandrabudhalrbahu bhrataraha.

Si les 11ème et 3ème de Upapada et son seigneur sont rejoints par Kuja, Guru, Chandra et Budha, la personne aura de nombreux frères, aîné et cadet inclus.

SU. 36. Sanyarobhyam drishte yathaswam bhratrunasaha.

Si le 3ème et le 11ème de Upapada ont l'aspect de Sani et de Kuja, la personne aura ses frères détruits.

SU. 37. Sanina swamatraseshascha.

Si le 3ème et le 11ème de Upapada et son seigneur sont aspectés par Sani, la personne perdra tous ses frères et soeurs et restera seule.

SU. 38. Kethau bhagineebahti lyam.

Si le 3ème et le 11ème de Upapada et son seigneur ont la conjonction de Ketu, la personne aura de nombreuses soeurs.

SU. 39. Labhesadbhagyabheh rahau damstra van.

Si Rahu rejoint le 2ème du 7ème de Upapada, la personne aura de grandes dents ou pas de dents ou deviendra muette.

SU. 40. Kethau stabdhavak.

Si Ketu rejoint la 2ème maison à partir de la 7ème maison de Upapada, la personne sera un orateur indistinct ou aura une mauvaise prononciation, elle pourra aussi bégayer.

SU. 41. Mande Kuroopaha.

Si Sani rejoint la 2ème maison du seigneur de la 7ème maison de Upapada, la personne devient laide et repoussante.

SU. 42. Swamsavasadgowraneelapeetadivarnaha.

La couleur ou le teint de la personne, jaune foncé, doré ou blanc doit être prédit à partir de la nature du Navamsa occupé par l'Atmakaraka.

SU. 43. Amaryanucharaddevatabhaktihi.

Prenez la planète la plus proche en degrés d'Amatya. karaka et découvrez à partir d'elle les tendances religieuses de la personne.

SU. 44. Swaritse kevalapapasambandheparajataha.

Si des planètes maléfiques occupent Atmakarakamsa Rasi, la personne sera née de l'adultère.

SU. 45. Notrapapath.

Si l'Atmakaraka est lui-même mauvais et que d'autres planètes maléfiques ne sont pas avec lui, alors le mal dans le sutra ci-dessus ne devrait pas être attribué.

SU. 46. Sanirahubhyam prasiddhihi.

Si Sani et Rahu sont en conjonction avec Atmakarakamsa Rasi, la personne deviendra un raseur notoire.

SU. 47. Gopanamanyebhyaha.

Si dans l'Atmakarakamsa d'autres planètes maléfiques que Sani et Rahu sont conjointes, la personne ne naîtra pas de la semence d'un autre, mais sa mère sera immorale.

SU. 48. Shubhavarge apavadamatram.

Si shubha Shadwarga surgit dans l'Atmakarakamsa dans les yogas mentionnés ci-dessus, il y aura un scandale sur sa légitimité mais il sera réellement né de la semence de son père.

SU. 49 - Dvigrahe kulamukhyaha.

S'il y a deux planètes dans l'Atmakarakamsa, la personne deviendra un leader dans sa communauté.

Adhyaya 2 Pada 1

SU. 1. Aayuh pitrudinesabhyam.

La longévité d'une personne doit être déterminée en se référant à

Lagna et le 8ème de celui-ci.

SU. 2. Prathamayonittarayorva deergham.

Si les seigneurs du 1er et du 8ème sont dans des signes mobiles ou communs ou si l'un d'eux est dans un signe mobile et l'autre dans un signe commun, il y aura longévité.

SU. 3. Prathamadwiteeyayorantayorva madhyam.

Si les seigneurs du 1er et du 8ème se trouvent dans Chara et Sthira Rasis mobiles et fixes - ou si les deux sont dans des signes doubles, il y aura une vie moyenne.

SU. 4. Madhyayoradyantayorva heenam.

Si les seigneurs du 1er et du 8ème se trouvent dans des signes fixes ou l'un dans Chara et l'autre dans Dwiswabhava, il y aura une vie courte. Dans le second sutra, la dernière partie répète la même idée.

SU. 5. Evam mandachandrabhyam.

Les règles données dans les quatre premiers sutras doivent aussi être appliquées à Chandra Lagna et au Lagna.

SU. 6. Pitrukalatascha.

Les vies longues, moyennes et courtes peuvent aussi être déterminées à partir du Lagna et du Hora Lagna.

SU. 7. Sam vadatpramanyam.

La longévité qui est déterminée par le plus grand nombre de combinaisons de planètes, cette durée de vie devrait être prédite et il se produira certainement.

SU. 8. yisamvade piitrukalataha.

Si trois termes de vie sont indiqués par les trois systèmes, alors les termes obtenus par le Lagna et Hora Lagna devraient être préférés et acceptés.

SU. 9. Pitrulabhage chandre chandramandabhyam.

Si Chandra est en 7ème position à partir de Janma Lagna, la longévité obtenue par le seigneur de ces deux positions doit être considérée comme la durée de la vie d'un homme.

SU. 10. Sanow yoga.hetou kakshyahrasaha.

Si dans les combinaisons ci-dessus Sani provoque le Purnayuryoga, alors placez-le comme Madhyayuryoga. S'il provoque le Madhyayuryoga, alors placez-le en Alpa et s'il provoque l'Alpa, alors considérez-le comme encore moindre et prédisez une mort très précoce.

SU. 11. Vipareetamityanye.

D'autres sont d'avis que lorsque la longévité est causée par le Sani, il ne devrait y avoir aucun K. Sani, il ne devrait pas y avoir de Kakshya Hrasa ou de déduction ou de dégradation. Ils veulent dire que le terme indiqué par Sani devrait être valable.

SU. 12. Na swarkshathungage saure.

Si Sani causant la longévité occupe sa propre maison ou une maison exaltée, Kakshya Hrasa- ou réduction ne doit pas être appliqué.

SU. 13. Kevalpapadrigyogini cha.

Si Sani, causant longévité, a de nombreux aspects et conjonctions maléfiques, alors, Kakshya. Hrasa ne doit pas être prédit.

SU. 14. Pitrulabhage gurow kevala shubhadrigyogini cha kakshyavriddhihi.

Si Guru occupe le Lagna ou le 7ème n'a pas de conjonctions ou d'aspects, mais des aspects et des conjonctions bénéfiques, il provoquera l'augmentation ou Kakshyavriddhi.

SU. 15. Maline dwarabahye na vamse n idhanam dwaradwaresayoscha malinye.

Si les Dwarabahya Rasis sont des signes maléfiques ou si des maléfiques occupent ces Rasis Dwarabahya, ou si le seigneur de Dwarabahya Rasi est un maléfique, la mort surviendra dans les Navamsa Dashas de ces Dwarabahya Rasis.

SU. 16. Shubhadrigyoganna.

Si aux Rasis de Dwarabahya, et au Rasi occupé par Dwarabahya, il y a des aspects et des conjonctions bénéfiques ; il n'y aura pas de mort il n'y aura pas de mort dans les périodes Navamsa de ces Rasis.

SU. 17. Rogèse- tunge navamsavriddhihi.

Si le seigneur du 8ème de Lagna rejoint l'exaltation, il y aura augmentation de la vie dans le Dasha du Navamsa, évitant ainsi la mort indiquée dans les combinaisons ci-dessus.

SU. 18. Tatrapi padesadashante padanavamsadashayam pitrudinesatrikone va.

S'il y a une augmentation de la vie selon le Sutra 17, alors la mort se produira dans le Navamsa Dasha du Rasi occupé par Arudhalagnadhipathi ; dans les Dashas des Rasis qui sont en trikona aux seigneurs de Lagna et 8ème ; dans le Navamsa Dasha du Rasi contenant Arudha Lagna.

SU. 19. Pitrulobharogesapranini kantcrkadisthe swatoschaivam thridha.

Si le seigneur du 8ème de Lagna et le seigneur du 8ème du 7ème de Lagna sont puissants et occupent des Kendras, des Panaparas et des

Apoklimas, alors ils provoquent des vies longues, moyennes et courtes respectivement.

SU. 20. Yogatsame swasmin vipareetam.

Si Atmakaraka rejoint la 7ème à partir de - la 7ème (Lagna), le sens véhiculé dans le Sutra 19 devra être interprété différemment.

SU. 21. Rasitaha pranaha.

La force des Rasis doit être correctement déterminée.

SU. 22. Rogesayoh swata aikye yoge va madhyam.

Si les 8ème et 7ème maisons à partir de Lagna ont jointes par leur Karakas ou si elles sont elles-mêmes Karakas, si les seigneurs de la 8ème et la 7ème maison du Lagna occupent des Kendras, des

Panaparas ou des Apoklimas, alors les conditions de vie déterminées à partir de des combinaisons indiquées dans le Sutra 19 devront être réduites.

SU. 23. Pitrulabhayoh papamadhyatwe kone papayoge va kakshyahrasaha.

Si le Lagna et la 7ème en partant de celui-ci se trouvent entre des planètes maléfiques, ou si des planètes maléfiques sont dans les Trikonas de Lagna et Saptama, Kakshyahrasa ou déductions et additions doivent être faites pour les conditions de vie qui sont obtenues par les positions planétaires.

SU. 24. Swasminnapyevam.

Si le Karaka est entre les planètes maléfiques ou si des planètes maléfiques se joignent aux Trikonas, Kakshyahrasa doit être fait.

SU. 24. Swasminnapyevam.

Si le Karaka se trouve entre les planètes maléfiques ou si les planètes maléfiques sont conjointes aux Trikonas de lui, il faut faire Kakshyahrasa.

SU. 25. Thasminpape neeche-atunge-ashubhasamyukte cha.

Si le Karaka se joint à Neecha ou ne se joint pas à l'exaltation ou s'il n'est pas en conjonction avec les bénéfiques, Kakshyahrasa doit être fait.

SU. 26. Anyadanya tha.

Si Lagna et Saptama (7ème) ou si Karaka et la 7ème à partir de lui sont entre des planètes bénéfiques ou si les Trikonas de Janma et Karaka Lagnas sont occupés par des bénéfiques, si Karaka se trouve être un bénéfique, s'il est en exaltation et non en débilitation ou a une conjonction bénéfique, il ne faut pas faire de Kakshyahrasa.

SU. 27. Gurou cha.

Si Guru se trouve être Karaka et a des planètes maléfiques en 2ème, 12ème, 6ème et 8ème et dans les maisons formant des Trikonas de lui ou a des planètes maléfiques avec lui ou il n'est pas en exaltation ou rejoint NeechaRasi, Kakshyahrasa devrait être fait. Et dans les cas où ces combinaisons sont inversées, l'augmentation doit être prédite.

SU. 28. Purnendusukrayorekarasivriddhihi.

Si Purna Chandra et Sukra deviennent Karakas et occupent les positions nommées dans les sutras ci-dessus, ils donneront une augmentation d'un Rasi Dasha.

SU. 29. Sanau vipareetham.

Si Sani devient Karaka et se trouve aux endroits nommés dans les sutras précédents, il provoque Kakshyahrasa dans le Dasha antérieur au maraka.

SU. 30. Sthiradashayam yathakhandam nidha nam.

Trois sections pour Ayurbhava ou la longévité ont été expliquées, c'est-à-dire, les vies longues, moyennes et courtes : Dans le Sthira Dasha, on suppose que la durée de vie est moyenne. Si une planète ou un Dasha provoquant la mort arrive dans la période d'Alpayu, la personne ne mourra pas, mais souffrira de maladie et de misère à ce moment-là.

SU. 31. Tatrarkshaviseshaha.

En ce qui concerne la mort, notez la particularité du Rasi. C'est-à-dire que la mort surviendra dans le Dasha du Marana Karaka Rasi.

SU. 32. Papamadhye papakone ripturogayoh pape va.

Si le Dasha est entre des maléfiques ou a des planètes maléfiques dans ses Trikonas, ou a des planètes maléfiques en 12 et 8, un tel Dasha causera la mort de la personne.

SU. 33. Tadeesayoho kevalaksheenendusukradrishtow va.

Si les seigneurs du 12 et du 8 sont aspectés par Ksheenachandra et Sukra, le Dasha du 12 ou du 8 infligera la mort.

SU. 34. Tatrapyadyarksharinathadrisyannvabhagadva.

Parmi les Rasi Dashas qui ont le pouvoir de causer la mort, la mort est susceptible de se produire dans le premier Rasi Dasha et la sous-période du Navamsa Rasi qui est aspecté par la planète qui est le seigneur du 6ème du Rasi dont le Dasha est le premier.

SU. 35. Pitrulabhabhavesapranee rudraha.

Celui qui est le plus fort parmi les seigneurs du 8ème à partir de Lagna reçoit le nom de Rudra[15].

---

[15] Le symbole de Rudra sera donné aux seigneurs des Rasis qui sont plus forts dans les 8èmes maisons à partir de Lagna et Saptama ou 7ème.

SU. 36. Apranyapi papadrishtaha.

Si le plus faible des seigneurs des deux maisons, 8ème et 7èmeà partir du Lagna, est aspecté par des maléfiques, il recevra aussi le nom de Rudra.

Notes

Dans la mythologie indienne, il existe onze Rudras. Ils sont tous des formes différentes du Seigneur Shiva. Ils apportent la souffrance et la mort aux natifs. Le Trishoola ou trident est l'arme du Seigneur Shiva. Maheswara est la forme suprême du Seigneur Shiva et il donne l'émancipation à l'âme. Pour chaque personne, il y a onze rasis qui représentent les onze Rudras. Ces rasis apportent des souffrances liées à divers domaines de la vie.

Parmi les onze Rudras, celui qui apporte la souffrance au soi physique est le plus important. Dans chaque thème, il y a une planète qui joue ce rôle. Cette planète est simplement appelée "Rudra". Cette planète représente la souffrance et la destruction du natif. Il y a trois rasis désignés comme Trishoola rasis et ils apportent la mort.

Considérez le seigneur du 8ème signe à partir du lagna et du 7e signe. Trouvez la 8ème maison en utilisant le tableau suivant non de la manière normale.

Rasi	Ar	Ta	Ge	Cn	Le	Vi	Li	Sc	Sg	Cp	Aq	Pi
The 8th house	Sc	Ge	Cp	Sg	Cn	Aq	Ta	Sg	Cn	Ge	Cp	Le

La plus forte des deux planètes devient Rudra. Si la planète la plus faible est affligée, elle peut aussi devenir Rudra.

On dit qu'une planète est plus forte si elle est conjointe à plusieurs planètes. Si les deux planètes sont conjointes au même nombre de planètes, une planète en exaltation ou dans son propre rasi est plus forte. Une planète qui rejoint des planètes exaltées est plus forte. Une planète aspectée par de nombreuses planètes (aspect rasi) est plus forte. Enfin, une planète qui est plus avancée dans son rasi est plus forte. Nous trouvons la planète la plus forte de cette manière et elle devient Rudra. Cependant, si la planète la plus faible est débilitée ou dans un signe défavorable et conjointe/aspectée par des maléfiques comme Mars, Saturne, Rahu et Ketu, alors elle devient Rudra.

Dans le theme d'exemple, Jupiter est le maître du 8e signe du Lagana, Saturne est le maître du 7e maison. Saturne reçoit l'Aspect de Vénus, Mars. Saturne est plus fort. Il est Rudra.

```
┌─────────┬─────────────────────────┬─────────┬─────────┐
│ ♂ 06°24 │              ♃ 09°58R   │         │         │
│   ♓    │      ♈                 │   ♉    │   ♊    │
│   IX    │      X                  │   XI    │   XII   │
├─────────┼─────────────────────────┼─────────┼─────────┤
│ ♌ 18°29 │ JAIMINI EXEMPLE         │ Asc 13°42         │
│   ♒    │ 627-ANTANANARIVO        │   ♋              │
│         │ Heure : 0:06 Zone : -3  │                   │
│         │ Long. : -47.31 Lat. : -18.55               │
│         │ Né le : 3/11/1988       │                   │
│   VIII  │ Mode sidéral Lahiri     │    I              │
│         ├─────────────────────────┼───────────────────┤
│         │ Maître du jour : Jupiter│ ☽ 03°35          │
│         │ Maître heure : Mars     │ ☋ 18°29          │
│   ♑    │                         │   ♌              │
│   VII   │                         │    II             │
├─────────┼───────────┬─────────────┼───────────────────┤
│ ♄ 05°23 │           │ ☉ 16°58    │ ♀ 11°01          │
│         │           │ ☿ 00°35    │                   │
│   ♐    │   ♏      │   ♎        │   ♍              │
│   VI    │   V       │   IV        │    III            │
└─────────┴───────────┴─────────────┴───────────────────┘
```

SU. 37. Pranini subhadrishte rudrasulanthamvyuhu.

Si le puissant Rudra est aspecté par des bénéfiques, la mort peut être prédite dans le Rudra Rasi ou dans les périodes de ses Trikona Rasis 1, 5 et 9[16].

SU. 38. Tatrapi subhayogay.

Même si la plus faible des planètes, lorsqu'elle a des aspects maléfiques, reçoit le nom de Rudra, a des conjonctions ou des aspects bénéfiques, elle prolongera la durée de vie jusqu'au Dasha de Rudra Rasi ou aux 5ème et 9ème Dashas de celui-ci.

SU. 39. yyarkapapayoge na.

Les résultats ci-dessus ne doivent pas être prédits si d'autres planètes que le Soleil se trouvent en 5ème et 9ème position à partir des deux Rudras.

SU. 40. Mandarendudrishtesubhayogabhave papayogepi va shubhadrishtow va parataha.

Si les deux Rudras deviennent mauvais, la mort viendra dans le premier Shoola Dasha ; si l'un d'eux devient mauvais, la mort surviendra dans le second Shoola Dasha ; et si les deux sont favorables, la mort surviendra dans le dernier du 3ème Shoola Dasha.

---

[16] Les Trikona Dasas sont ce qu'on appelle techniquement les Shoola Dasas. Les trikonas sont 1, 5 et 9.

SU. 41. Rtudrasrayepi prayena.

La mort peut parfois survenir dans le Rasi Dasha occupé par Rudra.

SU. 42. Kriye pitari viseshena.

Si le Lagna tombe dans le Kriya ou le Mesha, la mort a souvent lieu dans le Rudra Dasha.

SU. 43. Pratjhamamadhyamottanteshu va tattadayusham.

Pour les personnes ayant une vie courte, moyenne et longue, la mort survient dans le premier, le deuxième et le troisième Shoola Rasi Dashas.

SU. 44. Swabhaveso maheswvaraha.

Le seigneur de la 8ème maison à partir d'Atmakaraka porte le nom de Maheswara.

SU. 45. Swochhe swabhe ripubhavesapranee.

Si le seigneur de la 8ème maison d'Atmakaraka est exalté ou se trouve dans sa propre maison, alors le plus fort des deux, c'est-à-dire les seigneurs de la 8ème et de la 12ème maison du Karaka, portera également le nom de Maheswara.

SU. 46. Patabhyam yoge swasya tayor va roge tataha.

Si Atmakaraka est en conjonction avec Rahu ou Ketu, ou si le 8ème de l'Atmakaraka est en conjonction avec Rahu ou Ketu, alors la 6ème planète comptant régulièrement à partir du Soleil deviendra Maheswara.

SU. 47. Prabhubhavavaireesapranee pitrulabhapranyanucltaro vishamastha brahma.

Trouvez lequel des deux Rasis Lagna et Saptama ou 7ème est le plus fort. Trouvez ensuite lequel des seigneurs des 6ème, 8ème et 12ème Rasis est le plus fort, et s'il occupe un signe impair dans les Rasis Parswa à partir de la plus forte de Lagna ou Saptama, (7ème), il sera nommé comme la planète Brahma.

SU. 48. Brahmani sanaupatayorva tataha.

Si Sani, Rahu ou Ketu devient Brahma, la 6ème planète à partir de lui sera désignée comme Brahma, auquel cas les trois autres n'auront pas le pouvoir de Brahma.

SU. 49. Bahurnam yoge swajateeyaha.

Si beaucoup obtiennent les pouvoirs de Brahma (disons trois ou quatre planètes à la fois), alors cette planète devient Brahma qui est le degré suivant d'Atmakaraka.

SU. 50. Rahuyoge vipareetam.

Quand Rahu obtient aussi Brahmatwa, alors les conditions seront inversées.

SU. 51. Brahma swabhaveso bhavasthaha.

Le seigneur de la 8ème à partir d'Atmakaraka ainsi que la planète qui occupe cette maison deviennent Brahma.

SU. 52. yivade balee.

Entre les deux planètes, le seigneur du 8ème d'Atmakaraka et la planète qui rejoint le 8ème, la plus forte des deux devient Brahma.

SU. 53. Brahmano yavanmaheswararkshadashantamayuhu.

La longévité s'étend à travers les Rasis en commençant par Brahma et en comptant jusqu'au Rasi contenant Maheswara.

Notes

Il y a environ 56 variétés de mauvais esprits mentionnés dans les Mantrasastras. Il y a deux divisions principales parmi les Mantras. Les Kshudra Mantras consacrés à l'invocation des mauvais esprits et aux actions : réalisées par eux et les Maha Mantras ou incantations aux esprits divins et angéliques et aux travaux qui peuvent être réalisés par eux. Voici quelques noms d'esprits maléfiques : Bhuta, Preta, Pisacha, Sakini, Dhakini, Mohini, Jalini, Malini, Bhetala, etc. Les Maha Mantras invoquent Gayatri, Savitri, Saraswati, Brahma, Vishnu, Maheswara, Lakshmi, Lalita, Durga, Ganapati, Skanda, Surya, etc.

Brahma est le créateur et chaque horoscope doit avoir un Brahma. La méthode pour trouver Brahma est donnée.

1. Le seigneur de la huitième maison à partir de AK, s'il est placé dans la huitième maison à partir de AK est le Brahma.

2. Si cette condition n'est pas présente dans l'horoscope alors suivez la méthode suivante :

- ✓ Déterminez la force du lagna et du signe de la septième maison.

- ✓ Notez les seigneurs de la 6ème, 8ème et 12ème maison à partir de plus forts du lagna et de la 7ème maison.
- ✓ Déterminez la force de ces trois seigneurs.
- ✓ Le plus fort des trois est choisi comme Brahma.
- ✓ Si Saturne se qualifie pour le rôle de Brahma alors l'ignorer et choisir le prochain plus fort comme Brahma.

SU. 54. Tatrapi maheswarabhavesatrikonabde.

La période de la mort doit être déterminée ainsi, Maheswara sera dans un signe. Prenez le Dasha de ce Rasi, prenez le seigneur de la 8ème maison de Maheswara. Prenez de lui les Trikonas, c'est-à-dire 1, 5 et 9.

Prédisez la mort dans l'Antardasha de n'importe lequel de ces Dashas qui est assez fort pour infliger la mort.

SU. 55. Swakarmachittaripuroganathapranee marakha.

Le plus fort parmi les seigneurs de 3, 6, 12 et 8 de l'Atmakaraka infligera la mort.

Notes

Déterminez d'abord les termes de la vie, courte, moyenne et longue. Si les quatre seigneurs mentionnés ci-dessus sont de force égale, prédisez la mort dans cette période par le mauvais Dasha, qui intervient à ce moment-là. Les seigneurs du 6 et du 8 sont des marakas puissants, de ces deux, le seigneur du 6 est plus puissant pour causer la mort. La mort survient lorsque les Dashas du 6 ou du 8 arrivent. La mort surviendra dans les sous-périodes des seigneurs des Trikonas des maisons 8 et 6, parmi ces périodes de Trikona, celle du 6 est plus puissante. Si le seigneur du 6 est puissant, alors les Dashas de Trikona Rasis de lui infligeront la mort.

SU. 56. Thadrukshadashayam nidhanam.

La mort surviendra dans le Dasha du Rasi occupé par la planète maraka ou dans le Dasha du Rasi dont il est le seigneur.

SU. 57. Tatrapi kaladripurogachittnnathapahare.

Prenez Atmakaraka. Découvrez le 7ème de lui. Prenez Ripu, Roga, Chitta ou 12, 8 et 6 à partir de lui. Les seigneurs de ces derniers occupent certaines maisons. La mort peut survenir dans les Dashas de ces signes ou dans les Dashas des maisons possédées par ces seigneurs.

Notes

Après avoir déterminé ces Rasis Marakagraha, il demande à ses lecteurs de trouver les sous-périodes spéciales qui causent la mort. Les Dashas des maisons doivent être comptés à partir de Chara, Shtira et Dwiswabhava dans l'ordre particulier nommé dans cette section. Certains Rasi Dasha deviennent maraka. S'il y a beaucoup de Rasis qui obtiennent le pouvoir de maraka, trouvez le plus fort d'entre eux et attribuez-lui la mort. Supposons qu'il y ait un signe sans planète, avec une planète qui est son seigneur et une maison avec des bénéfiques. La dernière sera la plus puissante parmi les maisons nommées ci-dessus. La première sans planète sera la plus faible. Les potentialités des planètes et des maisons ont été expliquées de manière très élaborée dans les les Sutras précédents. Ces principes peuvent également être appris dans l'étude générale de l'astrologie. Prenez Mesha sans planète, avec Sani, avec Ravi, avec Chandra, avec Guru, avec Sukra et avec Kuja, Rahu ou Ketu. Ses potentialités varient en fonction de la présence ou de l'absence de ces planètes et des autres aspects et conjonctions qu'il présente.

Adhyaya 2 Pada 2

SU. 1. Ravisukrayoh pranee janakaha.

De Vénus et du Soleil, le plus fort deviendra le maraka pour le père.

SU. 2. Chandraarayorjanee.

La plus forte des deux planètes Chandra et Kuja tuera la mère.

SU. 3. Apranyapi papadrishtah.

Parmi les quatre planètes Ravi, Sukra, Chandra et Kuja celle qui est faible et possède des aspects maléfiques causera la mort du père et de la mère.

SU. 4. Pranini shubhadrishte tatchule nidha nam matapitroh.

Si, parmi les planètes nommées ci-dessus Ravi, Sukra, Chandra et Kuja, celle qui possède des aspects bénéfiques, la mort du père et de la mère doit être prédite dans le Shoola Dasha-1er 5ème ou 9ème Rasi Dasha de la puissante planète.

SU. 5 et 6. (5) Tadbhavese spashtabale. (6) Thatchuila ityanye.

Si le seigneur du 8ème des seigneurs du père et de la mère est puissant, alors la période du Shoola Rasis de lui infligera la mort au père et à la mère.

SU. 7. Ayushi chanyat.

Comme les décès doivent être prédits pour le père et la mère par leurs Karakas, de même les événements doivent être prédits pour les autres à partir de leurs Karakas et des Shoola Dashas de ceux-ci.

SU. 8. Arkagnayoge tadasrithe kriye lagna meshadashayam piturityeke:

Si la 12ème maison de Lagna tombe dans l'un de ces trois signes, c'est-à-dire Mithuna, Simha ou Kanya et a la conjonction de Ravi et Budha, la mort survient dans le Dasha de la 5ème maison.

SU. 9. yyarkapapamatradrish tayoht pitroh pragdwadashabdat.

Que les seigneurs du père et de la mère soient puissants ou non, s'ils ont les aspects de planètes maléfiques autres que le Soleil, la mort du père et de la mère peut être prédite avant la 12ème année d'une personne.

SU. 10. Gurusule kalatrasya.

Les Dashas de la 1ère, de la 5ème ou de la 9ème Rasis de la position de Guru causeront la mort de sa femme.

SU. 11. Thattatchoole tesham.

Les enfants, les oncles, etc. mourront dans les Dashas des 1er, 5ème et et 9ème Rasis des Karakas qui gouvernent ces événements.

SU. 12. Karmani papayutadrishte dushtam maranam.

Si le 3ème de Lagna ou Karaka a l'aspect ou la conjonction de planètes maléfiques, la mort sera douloureuse et pénible.

SU. 13. Subham subhadrishtiyute.

Si le 3ème de Lagna ou de Karaka a des aspects ou des conjonctions bénéfiques, la mort sera facile à cause de plaintes légères.

SU. 14. Misre misram.

Si le 3ème de Lagna ou Karaka a des aspects et conjonctions mixtes, la mort ne sera ni très difficile ni très facile.

SU. 15. Adityena rajamoolath.

Si le 3ème de Lagna ou du Karaka est relié à Ravi, la mort arrive à la personne par le mécontentement du roi ou du gouvernement.

SU. 16. Ghandrena yakshmanah.

Si Chandra occupe ou aspecte le 3ème du Lagna ou du Karaka, la personne mourra par la consommation ou la Tuberculose.

SU. 17. Kujena.vranasastragnidahadyaihi.

Si Mars occupe ou aspect le 3 de Lagna ou Karaka, la personne meurt par blessures, feu et armes.

SU. 18 - Sanina vatarogat.

Si Sani est en aspect ou en combinaison avec le 3ème de Lagna ou de

Karaka, la mort survient suite à des plaintes de vent.

SU. 19. Mundamandibhyam vishasarpaja lodbandhanadibhihi.

Si le 3ème de Lagna ou Karaka est occupé par Sani et Gulika, la personne mourra des effets du poison, des serpents, des chaînes et des tremblements et de l'eau.

SU. 20. Kethtina vishucheejalarogadyaihi.

Si le 3e de Lagna ou Karaka est occupé ou aspecté par Ketu, la personne meurt de maladies contagieuses, aqueuses et épidémiques.

SU. 21. Chandramandibhyam poogamandannakabaladibh ih kshanikam.

Si le 3ème de Lagna ou Karaka a la conjonction de Chandra et Gulika, la mort résultera immédiatement de la consommation de repas durs, de nourriture et d'autres articles indigestes.

SU. 22. Gunina sopharuchivimanadyaihi.

Si le 3ème de Lagna ou de Karaka est combiné par Guru, la mort sera causée par l'hydropisie, le dégoût de la nourriture, la mélancolie et d'autres plaintes.

SU. 23. Sukrena mehat.

Si le 3ème est aspecté ou joint par Sukra de Lagna ou Karaka, la mort sera causée par des maladies vénériennes.

SU. 24. Misrem israt.

Si le 3ème de Lagna ou Karaka a la conjonction ou l'aspect de plusieurs planètes, alors la mort viendra de diverses maladies.

SU. 25. Chandradrugyogannischayena.

Si Chandra a l'aspect ou la conjonction du 3ème de Lagna ou de Karaka avec d'autres planètes, il est certain que la mort surviendra à cause des causes citées dans les sutras précédents.

SU. 26. Subhaihi subhadese.

Si la 3e de Lagna ou Karaka a des aspects bénéfiques ou des conjonctions conjonctions bénéfiques, la mort survient dans des lieux bons ou saints.

SU. 27. Papaih keekate.

Si le 3ème de Lagna ou Karaka a des aspects ou des conjonctions maléfiques, la mort surviendra dans des pays ou des lieux vicieux ou pécheurs.

SU. 28. Gurusukrabhyam gnanapurvakam.

Si le 3ème de Lagna ou Karaka a la conjonction ou l'aspect de Guru et Sukra, la personne meurt avec une conscience intacte.

SU. 29. A nyairanyatha.

Si le 3ème de Lagna ou Karaka est en aspect ou en conjonction avec d'autres planètes planètes, l'inconscience prévaut à la mort.

SU. 30. Lepantikhaparmadhye sanirahuketubhihi pitrorna samskartha.

Si Sani et Rahu ou Sani et Ketu sont en conjonction entre la 1ère et la 12ème maison, la personne ne fera pas les obsèques de ses parents.

SU. 31. Lepvdipurvardhe janakadyaparardhe.

Si Rahu et Sani sont trouvés en conjonction dans les 6 premières maisons du Lagna, les cérémonies de décès de la mère ne seront pas effectuées. S'ils se trouvent dans les 6 maisons suivantes, c'est-à-dire de la 7e à la 12ème maison, les cérémonies pour le père ne seront pas célébrées.

SU. 32. Subhadrigyoganna.

Si Sani et Rahu ou Sani et Ketu ont des aspects ou des conjonctions bénéfiques conjonctions bénéfiques, ces mauvais résultats ne doivent pas être prédits.

SU. 1. yishame tadadirnavamamsah.

Si la naissance tombe dans un signe impair, les Navamsa Dashas commencent à partir de celui-ci.

SU. 2. Anyatha darsadihi.

Dans les signes pairs, les Navamsa Dashas commencent à partir des

Abhimukha Rasis.

SU. 3. Sasinandapnvnkah kramadabdajz sthziraldashayam.

Dans le Sthira ou Dasha du signe fixe, le Dasha du signe mobile sera de 7 ans ; le Dasha du Rasi fixe sera de 8 ans et le Dasha du Rasi commun s'étendra à 9 ans.

SU. 4 Brahmadiresha.

Le Sthira Dasha commence à partir du Rasi occupé par Brahma.

SU. 5. Atha pranah.

Prana, ici comme dans les sutras précédents, signifie les sources de force qu'obtiennent les planètes et les signes.

SU. 6. Karakayogah prathamo bhanam.

Ce Rasi ou signe devient le plus fort, qui a la conjonction d'Atmakaraka.

SU. 7. Saamye bhuyasa.

Si les autres sources de force sont égales, alors la conjonction d'un plus grand nombre de planètes donne une plus grande force.

SU. 8. Thathastungadih.

Si ces sources de force sont égales, alors l'exaltation, les maisons amies et les Moolatrikonas leur donnent de la vitalité.

SU. 9. Nisargasthathah.

Il faut alors considérer les Nisarga ou sources permanentes de force.

SU. 10. Thadabhave swamin ithham bhavah.

Si le Rasi possède une des sources de force Karakadi, alors son pouvoir sera celui que son seigneur possède à partir des associations de Karaka, etc.

SU. 11. Agrayatto visesliath.

Selon les Jaimini Sutras, la planète qui obtient le plus grand nombre de degrés parmi les autres deviendra la plus puissante.

SU. 12. Prativesikah purushe.

Dans le signe impair, il obtient la force des planètes qui occupent le

12e et 2e de celui-ci.

SU. 13. Ithi prathamah.

Les sources de force nommées dans les sutras ci-dessus seront la première série d'enquête sur les pouvoirs d'un Rasi ou de son seigneur.

SU. 14. Swami gurugnadrigyogo dwiteeyah.

La deuxième source de force d'un Rasi est dérivée de l'aspect de son propre seigneur, Jupiter ou Mercure.

SU. 15. Swuminastruteeyah.

Le troisième ensemble de forces pour le seigneur sera celui qui sera détaillé ci-dessous.

SU. 16. Swatswaminah kantakadishwaparadourbalyam.

Les planètes qui sont en Kendras, Panaparas et Apoklimas de l'Atmakaraka deviennent de plus en plus impuissantes que lui.

SU. 17. Chaturthah purushe.

Si le seigneur du Rasi tombant dans Purusha Rasi (signe impair) a des conjonctions et des aspects mauvais, cela deviendra la 4ème source de force du Rasi.

SU. 18. Pitrulabhaprathamapranyadi shooladasha niryane.

Prenez le plus fort des deux 1er et 7ème. Puis, à partir du plus fort de ces deux, prenez les Shoola Dashas, c'est-à-dire 1, 5 et 9. Découvrez lequel de ces Shoola Rasis devient le plus fort. Puis attribuez-lui la période de décès comme certaine.

SU. 19. Pitrulabhaputrapranyadih pituh.

Putra 9, Pa 1, Ra 2=12, inversé cela signifie 21, divisé par 12, nous avons le solde 9, donc la 9ème maison est concernée. Prenez le Lagna et la 7ème et trouvez les maisons 9 à partir d'eux. Celui qui est le plus fort dans ces deux neuvièmes maisons, prenez-le et trouvez ses Shoola Dashas et prescrivez la mort au père dans la plus défavorable de ces Shoola Dashas, à savoir, 1, 5 et 9.

SU. 20. Adarsadirnmatuh.

Prenez le plus puissant en 1 ou 7. Prenez le 4ème et trouvez les Shoola Dashas qui en découlent, celui qui est le plus puissant parmi le 1er, le 5ème ou le 9ème prédit la mort de la mère dans ce Dasha.

SU. 21. Karmadirbhrathuh.

Prenez le 3ème de Lagna ou le 7ème selon celui qui est le plus puissant, et attribuez la mort aux frères et soeurs dans le plus puissant des Shoola Dashas de celui-ci.

SU. 22. Matradirbjhngirteeputr ryolt.

Prends le Lagna ou le 7ème selon ce qui est le plus fort et trouve le 5ème à partir de celui-ci. Les fils et les soeurs mourront dans le plus cruel des Shoola Dashas de la maison 5 ci-dessus.

SU. 23. vyayadirjaishtasya.

Prenez la 11ème de Lagna ou la 7ème selon ce qui est le plus fort, et prédisez la mort des frères aînés dans le Shoola Dasha le plus défavorable à partir de cette maison.

SU. 24. Pitruvatpitruvarge.

Prenez la plus forte des deux Lagnas et la 7ème. Trouvez le 9ème à partir de celui-ci. A partir de là, prenez les Shoola Dashas et prédisez la mort des oncles paternels, etc., dans la mauvaise période parmi eux.

SU. 25. Brahmadih purushe sama dashanthah.

Si le Lagna tombe dans un purusha ou Rasi masculin, les Dashas ou périodes commencent à partir du signe occupé par le Brahma. L'étendue du Rasi Dasha est ainsi déterminée. Prenez le 6 du Rasi Dasha. Trouvez le numéro de la maison que le seigneur de ce Rasi occupe et ce nombre sera l'étendue en années de ce Dasha.

SU. 26. Sthana vyathikarah.

Lorsque le Janma Lagna tombe dans un signe impair, les Dashas commencent à partir du Rasi occupé par Brahma dans un ordre régulier. Si le Lagna tombe dans un signe pair, les Dashas commencent régulièrement à partir de la 7ème maison de Brahma.

SU. 27. Papadrigyogastungadigrahayogah.

Les conjonctions et les aspects des maléfiques sont une source de force pour les Rasis. De même, une autre source de force pour (le Rasi) est ajoutée par les planètes (qui y sont situées) étant en exaltation, Moolatrikona et des maisons très amicales et amicales.

SU. 28. Panchame padu kramat prakpratynktvam.

Si le 9ème du Lagna se trouve incorporé dans un signe impair, prenez les Rasi Dashas dans l'ordre normal. S'il est incorporé dans un signe pair, prenez les Rasi Dashas dans l'ordre inverse ou à l'envers. Le début du Dasha doit se faire à partir du Lagna. Dans ces cas, Ketu est considéré comme un bénéfique.

SU. 1 - Dwiteeyam bhavaphalam charanavamse.

Dans le Navamsa Dasha de Chara Rasi, les significations de la deuxième maison doivent être expliquées de la manière indiquée dans le Sutra de la section précédente.

SU. 2. Dashasrayo dwaram.

Le Rasi qui commence le Dasha ou la période est appelé le Dwara Rasi ou la porte pour les Rasi Dashas suivants.

SU. 3. Thathastavatitham bahyam.

Comptez autant de signes à partir de Dwara Rasi que Dwara Rasi est éloigné de Lagna. Ce sera le Bhoga Rasi.

SU. 4. Tayoh pape bandharogadi.

Si des planètes maléfiques se trouvent dans les signes Paka et Bhoga, la personne souffrira de chaînes d'emprisonnement, de maladies et d'autres troubles mentaux et physiques.

SU. 5. Swarksheasya thasminnopajeevasya.

Si les planètes maléfiques des deux Rasis se trouvent dans leurs propres maisons ou sont très proches de Guru, alors les résultats maléfiques annoncés dans le Sutra 4 ne se produiront pas.

SU. 6. Bhagrahayogoktam sarvamasmin.

Les résultats dans ces Dashas devront être prédits, par la force des planètes et par les sources de force et de faiblesse des Paka et Bhoga Rasis.

SU. 7. Pitrulabhapranithoyam.

Ces résultats doivent être prédits avec soin à partir du Lagna ou du 7ème, selon celui qui est le plus fort des deux. Pour les hommes, la préférence devrait être donnée à Lagna et pour les femmes, la 7ème devrait être préférée si elle est forte.

SU. 8. Prathame prakprathyaktvam.

Si le Dasha commence par un signe mobile ou Chandra Rasi, alors l'ordre des Rasi Dashas sera régulier dans un horoscope.

SU. 9. Diwiteeye ravitah.

Si le Dasha commence dans le signe fixe ou Sthira Rasi, alors le 6ème et le 7ème, etc., de celui-ci seront les Dashas successifs.

SU. 10. Pruthakramena thriteeye chatushtayadi.

Si le Dasha Rasi commence dans un signe commun, alors les Dashas successifs du Rasi seront déterminés par les Kendra, Panapara et Apoklima Rasis de celui-ci.

SU. 11. Swakendrasthadyah swamino navamsanam.

Ceux qui sont dans les Kendras, Pariaparas et Apoklimas du Karaka deviennent les seigneurs des Navamsa Dashas.

SU. 12. Pitruchatushtayavaishambalastayah sthitah.

Les Rasis qui sont dans les Kendras de Lagna fournissent le premier Dasha.

SU. 13. Sa tallabhayoravirrtate.

Le Karaka se déplace entre le Lagna et le 7ème.

SU. 14. Swamibalaphalani cha prugvath.

Les résultats de tout ceci seront déterminés, comme détaillé dans les sutras précédents, par l'examen des sources de force et de faiblesse des planètes, des seigneurs des Dashas et des Rasis.

SU. 15. Sthuladarsa vaishamyasrayo mandukastrikutah.

Comme la Manduka ou grenouille saute d'un endroit à l'autre, les deux systèmes de Dashas nommés par Jaimini dans les sutras précédents, à savoir, Kendra, Panapara et Apoklima, et les signes mobiles, fixes et à double corps, sautent également d'une maison à l'autre et c'est pourquoi il les appelle Manduka Dashas.

SU. 16. Niryanalabhadi shooladasha phale.

Pour prédire les résultats, il faut d'abord tenir compte du 7ème signe du Niryanashoola Dasha.

SU. 17. Purushe samah samanyatah.

Si l'Arambha ou le début du Dasha tombe dans le Purusha Rasi ou signe masculin, alors les Rasi Dashas suivants seront comptés régulièrement et chaque Dasha n'aura que 9 ans.

SU. 18 - Siddha ududaye.

Les Dashas comptés à partir des constellations à la naissance doivent être appris et pris de Parasara, Gargi, Vyasa et d'autres auteurs connus.

SU. 19. Jagattasthushorardham yogardhe.

L'étendue du Yogardhadasha sera la moitié des deux Dashas combinés des Rasis Chara et Sthira.

SU. 20. Sthuladarsa vaishamyasrayametat.

Le Yogardhadasha commence soit à partir de Lagna ou de la 7ème maison, selon ce qui est le plus fort.

SU. 21. Kujadi strikuta padakramena drigdasha.

Les Drigdashas sont formés à partir de la 9ème maison de Lagna, selon le trikonarupa pada.

SU. 22 & 23. Matrudharmayoh samanyam

vipareethamojakutayoh. Yatha samanyam.

Ceux qui sont nés dans des signes pairs auront les résultats décrits dans les sutras précédents sur le Trikona Dasha.

SU. 24. Pitnimatru dharmapranyadistrikone.

Parmi les Trikonas, le Rasi Dasha commence par le plus fort d'entre eux.

le plus fort d'entre eux.

SU. 25. Tatra dwarabahyabhyam tadwat.

Les résultats qui ont été attribués aux Rasi Dwarabahyabhyam doivent aussi être prédits aux Trikona Dashas.

SU. 26. Dhasagairikatpatneekaratkarakaih phaladesah.

Les résultats doivent être prédits aux Karakas ou seigneurs des événements et aussi du premier, troisième, septième et neuvième Rasis.

SU. 27. Tararkamse mandaaadyo dasesah.

Divisez la constellation de naissance en douze parties égales, correspondant à douze signes et trouvez à quelle division correspond le moment de la naissance. Le seigneur du Rasi correspondant à cette division devient le seigneur du Dasha qui commence.

SU. 28. Tasminnuchhe neeche va shreemantah.

Si dans l'exemple donné dans le sutra ci-dessus le seigneur du Rasi Dasha est en exaltation ou en débilité, la personne devient riche et influente.

SU. 29. Swamitrabhe kinchit.

Si dans un tel Lagna, son seigneur occupe un signe ami, la richesse sera modérée.

SU. 30. Dugathoaparatah.

Si le seigneur du Lagna mentionné ci-dessus n'est pas comme indiqué précédemment, la personne devient pauvre et misérable.

SU. 31. Swavaishamye yathaswam kramavyuthkramau.

Si le Karaka occupe le signe impair, on procède aux Dashas suivants de la manière habituelle, mais s'il est dans un signe pair, on revient en arrière pour les Rasi Dashas.

SU. 32. Saumye vipareetam.

Si le Karaka Rasi tombe en signe pair, alors comptez à rebours.

SU. 33. Thathatsanavapi veditavyamityeke acharya vadanti.

Certains Acharyas disent que tous les résultats qui ont été attribués aux planètes et aux signes dans les sutras précédents peuvent aussi être prédits en se référant à Sani et à sa position.

SU. 34. Antarbhuktyamsayoretat.

Ces détails mentionnés ci-dessus dans les différents sutras devraient également être attribués aux Antardashas ou sous-périodes parmi les Dashas majeurs dans les comptages avant et arrière.

SU. 35. Shubha dasha shubhayute dhamnyuchhe.

Si le Rasi a des aspects et des conjonctions bénéfiques, ou si son seigneur a des sources de force similaires ou est exalté, alors tous les résultats seront bénéfiques.

SU. 36. Anyathanyatha.

Lorsque les conditions ci-dessus ne sont pas réunies, les résultats seront tout à fait contraires.

SU. 37. Siddhamanyat.

Tous les principes expliqués dans cet ouvrage sont énoncés dans d'autres ouvrages et qu'ils sont donc valables pour tous les calculs et toutes les prédictions.

Annexe 1 : Forces d'une planète et d'un signe

1. Forces des planètes (Balas Grahas)

Maharishi Jaimini prescrit cinq sources de force planétaire dans l'UPDESHA sutra. Cette force est donnée en fonction du statut dont bénéficie une planète dans l'horoscope, comme l'exaltation, etc. La force en valeurs numériques est la suivante :

1.1. Force acquise dans un signe (S)

Etat d'une planete	Force
Exaltation	60 unités
Mulatrikona (domicile diurne)	45 unités
Domicile (domicile nocturne)	30 unités
Dans un signe dominé par uneplanete amie	15 unités
Dans un signe dominé par une planete neutre	7,5 unités
Dans un signe dominé par uneplanete ennemie	3, 5 unités

1. 2. Force acquise entant que Karaka (K)

Cette force dépend de la présence de chara karkatwa par une planète dans le système de sept karakas de Jaimini.

Karaka	Force
Atmakaraka (AK)	60 unités
Amatya Karaka (Amk)	45 unités
Bhatri Karaka (BK)	30 unités
Matri Karaka (MK)	22.5 unités
Putra Karaka (PK)	15 unités

| Bhatri Karaka (BK) | 7.5 unités |
| Dara Karaka (DK) | 3.75 unités |

1. 3. Force acquise par la position en maison depuis l'Atmakaraka (AK)

Cette force découle de la maison occupée par une planète en relation avec la planète Atma Karaka. Une planète occupant la position Kendra (angulaire) est la plus forte.

Place depuis l'AK	Force
Angulaire	60 unités
Succedante	30 unités
Cadente	15 unités

1.4. Force acquise par Kartari / encadrement (E)

Lorsqu'une planète est placée dans un signe impair et se trouve dans Kartari, elle obtient 60 unités de force. Lorsqu'elle est placée dans un signe pair et dans Kartari, elle ne reçoit aucune force. Ainsi les deux conditions à remplir sont :

- La planète est placée dans un signe impair (Bélier, Gémeaux, Lion, Balance, Sagittaire, Verseau).
- La planète est en Kartari (Kartari apparaît quand il y a des planètes dans la 2ème et la 12ème maison de la planète).

Rahu et Ketu sont incus dans la formation de Kartari sur une planète.

1.5. Force acquise par l'aspect des maléfiques / Adhipati (M)

Lorsqu'une planète est le seigneur d'un signe impair et qu'elle est en conjonction ou en aspect avec un maléfique, elle obtient une force de 60 unités. Rahu et Ketu sont incus faire une conjonction ou un aspect avec une planète. A l'exception de la Lune, toutes les planètes peuvent acquérir cette force.

2. Puissance des signes

Il existe cinq sources de force pour les signes classees en deux catégories : permanentes et temporaires (accidentelles).

2.1. Force permanante (P)

Cette force découle de la nature des signes. Tous les signes communs obtiennent 60 unités de force. Tous les signes fixes obtiennent 30 unités de force et les signes mobiles obtiennent 15 unités. Les signes communs sont les Gémeaux, la Vierge, Sagittaire et Poissons. Les signes fixes sont le Taureau, le Lion, le Scorpion et le Verseau. Les signes mobiles sont le Bélier, le Cancer, la Balance et le Capricorne.

2.1. Force temporaire

Un signe selon des considérations différentes dans un horoscope particulier acquiert une force. Il existe quatre sources de force.

2.1.1. Force acquise en hebergeant un Karaka (K)

Un karaka Jaimini qui occupe un signe fournit sa force au signe. Tout signe non occupé par un karaka reçoit zéro. Si plus d'un karaka occupe un signe, leurs unités sont additionnées. Les unités attribuées à chaque karaka sont les suivantes :

Karaka	Force
Atmakaraka (AK)	60 unités
Amatya Karaka (Amk)	45 unités
Bhatri Karaka (BK)	30 unités
Matri Karaka (MK)	22.5 unités
Putra Karaka (PK)	15 unités
Bhatri Karaka (BK)	7.5 unités
Dara Karaka (DK)	3.75 unités

2.1.2. Sthana (S)

Plus il y a de planètes dans un signe, plus il est fort. Lorsqu'il n'y a pas de planètes dans un signe, alors ce signe ne reçoit pas une force. Rahu et Ketu sont également considérés comme tels.

Nombre de planète	Force
01	60 unités
02	75 unités
03	90 unités
04	105 unités
05	120 unités
06	135 unités
07	150 unités
08	165 unités

2.1.4. Force acquise par les aspects/ Drishi Bala (A)

Tout signe qui contient ou est aspecté par Jupiter, Mercure ou son maître reçoit 60 unités pour chaque aspect ou conjonction. Si les trois ont un aspect ou une conjonction avec un signe, celui-ci reçoit 180 unités. Un signe qui ne les a pas reçoit zéro.

2.1.5. Force acquise par le maître du signe (MS)

La force du seigneur du signe est ajoutée à la force du signe. En d'autres termes, la force d'un signe représente la somme totale de la force de la planète qui régi ce signe.

Évaluation des puissances planétaires

Planète	S	AK	K	E	M	Force totale
Lune						
Mercure						
Venus						
Soleil						
Mars						
Jupiter						
Saturne						

Évaluation des puissances des signes

Signe	P	K	S	A	MS	Force totale
1						
2						
3						
4						
5						
6						
7						
...						

Annexe 2 : Périodes et sous-periodes dans le système Jaimini

La caractéristique distinctive du système de dasha de Jaimini est sa classification. Le système des dasha est divisé en deux groupes - l'un étant le Phalitha dasha et l'autre étant l'Ayur dasha. Cette caractéristique ne se retrouve dans aucune autre branche de l'astrologie védique.

Tout comme dans Parasari, il y a un certain nombre de dashas mentionnés dans Jaimini. Alors que le schéma des dashas de Parasara est presque entièrement basé sur les planètes et leurs dispositions dans certaines constellations, les dashas de Jaimini font invariablement référence aux signes. En calculant les Dashas de Jaimini, on risque de s'embrouiller, en raison des méthodes de comptage utilisées pour arriver aux grandes périodes et sous- périodes.

Une petite erreur de vision peut bouleverser tout le schéma d'une période particulière et entraîner l'étudiant dans des déductions erronées. Il faut donc être prudent en vérifiant et revérifiant les calculs de dasha avant de tenter des prédictions. Jaimini mentionne 14 types de dashas :

(l) Chara Dasha, (2) Sthira Dasha, (3) Thrlkona Dasha, (4) Sula Daso, (5) Ravi Dasha, (6) Kendra Dasha, (7),Yarnada Dasha, (8) Udu Dasha, (9) Navamsa Dasha, (10), Brahma Dasha, (11) Yogardha Dasha, (12) Drig Dasha, (13) Nakshatra Dasha et (14) Mandooka Dasha.

Selon B.V.Raman, pour la selection des dashas, « *Les Sages ne donnent aucune indication précise sur les conditions spécifiques dans lesquelles les différents Dasas devraient être appliqués à des fins de prédiction. Les références occasionnelles faites ici et là, qu'un événement comme par exemple la mort de la mère se produirait dans un certain Thrikona Dasa, devraient nous guider dans la sélection des dashas appropriés pour les événements appropriés. Comme la plupart des lecteurs le savent peut-être, alors que Parasara mentionne une variété de Dasas, la plus grande importance est invariablement accordée à Vimshottari et l'expérience le justifie. Mon grand-père, le professeur B. Suryanarain Rao, avait l'habitude de me dire que Chara Dasa et Thrikona Dasa pouvaient être appliqués à tous les horoscopes et que tous les événements humains importants pouvaient être datés avec suffisamment de précision à l'aide de Navamsa Dasa, tandis que pour les questions de longévité, son choix était Chara Dasa ou Niryana Shula Dasa.*

L'astrologie étant une science pratique, les affirmations dogmatiques sur l'adéquation de tel ou tel système de Dasa, simplement parce qu'il est le préféré d'un éminent savant, ne sont pas justifiées. Le choix doit être laissé à la discrétion du lecteur intelligent qui doit être guidé non seulement par sa propre expérience mais aussi par celle des savants qui ont étudié le sujet toute leur vie. Je suis personnellement enclin à favoriser les deux Dasas: Chara et Sthira. Cette conclusion est, bien sûr, basée sur mes maigres études. » [17]

Afin d'évaluer la période du dasha, certaines terminologies doivent bien comprises. Il s'agit de Vishamapada rasis ou Savya rasis (Bélier, Taureau, Gémeaux, Balance, Scorpion, Sagittaire) et de Yugma Rasis ou Samapada rasis ou Apa-savya rasis. (Cancer, Lion, Vierge, Capricorne, Verseau et Poissons).

Le sens du comptage signes ou maisons est fait selon le zodiaque (Savya Chakra) ou dans le sens anti-zodiacal (Apasavya Chakra) comme le montre la figure ci-après.

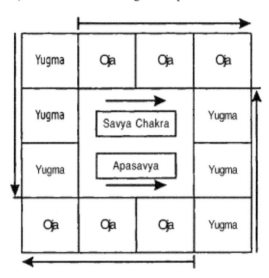

Direction du comptage selon les natures du signe

1. Chara dasha

Chara dasha est le dasha le plus important de Jaimini Rashi. Il est comme le Vimshottari dasha de Jaimini. Tous les dashas sont des dashas basés sur les Rasis. Il existe 3 types de chara dasha. Ce chara dasha est utilisé à la fois comme phalitha dasha et Ayur dasha. La période de Chara dasha pour chaque

---

[17] B.V.Raman, Studies in Jaimini Astrology, Motital Nanarsidass Publisher.

natif dépend du lieu où se trouve le seigneur du rasi. Il existe de nombreuses méthodes de calcul de ce dasha.

1.1. Méthode Parashara

Le départ de Chara Dasha se fait toujours à partir de l'Ascendant. Pour déterminer la séquence du dasha, il faut appliquer la règle suivante :

À partir du Lagna, déterminez où se trouve la 9ème maison - dans Oja ou Yugma Rasi. Si elle se trouve dans Oja Rasi, l'ordre du dasha est dans la direction du zodiaque [Savya]. Si elle se trouve dans Yugma Rasi, l'ordre du Dasha est dans la direction antizodiacale [Apasavya].

Par exemple, pour un ascendant Bélier, la maison 9 est le Sagittaire, un Vishamapada rasi. L'ordre de chara dasha sera donc dans la direction du zodiaque à partir du Bélier - c'est-à-dire Bélier - Taureau - Gémeaux, etc. Pour l'ascendant Cancer, la maison 9 tombe dans les Poissons, qui est Samapada rasi. L'ordre de chara dasha sera donc dans la direction antizodiacale à partir du Cancer - c'est-à-dire Cancer-Gemini-Taurus etc.

L'ordre des dasha pour les 12 ascendants est présenté ci-dessous pour une pour une référence facile.

Ascendant	Ordre du dasha
Bélier (direction du zodiaque)	Bélier, Taureau, Gémeaux, Cancer, Lion, Vierge, Balance, Scorpion, Sagittaire, Capricorne, Verseau et Poissons
Taureau (direction anti zodiacale)	Taureau, Bélier, Poissons, Verseau, Capricorne, Sagittaire, Scorpion, Balance ; Vierge, Lion, Cancer et Gémeaux
Gémeaux (direction anti zodiacale) :	Gémeaux, Taureau, Bélier, Poissons, Verseau, Capricorne, Sagittaire, Scorpion, Balance, Vierge, Lion et Cancer.
Cancer (direction anti-zodiaque)	Cancer, Gémeaux, Taureau, Bélier, Poissons, Verseau, Capricorne, Sagittaire, Scorpion, Balance, Vierge et Lion.

Lion (direction du zodiaque)	Lion, Vierge, Balance, Scorpion, Sagittaire, Capricorne, Verseau, Poissons, Bélier, Taureau, Gémeaux et Cancer.
Vierge (direction du zodiaque)	Vierge, Balance, Scorpion, Sagittaire, Capricorne, Verseau, Poissons, Bélier, Taureau, Gémeaux, Cancer et Lion.
Balance (direction du zodiaque)	Balance, Scorpion, Sagittaire, Capricorne, Verseau, Poissons, Bélier, Taureau, Gémeaux, Cancer, Lion et Vierge.
Scorpion (direction anti-zodiacale) :	Scorpion, Balance, Vierge, Lion, Cancer, Gémeaux, Taureau, Bélier, Poissons, Verseau, Capricorne et Sagittaire.
Sagittaire (direction anti-zodiaque)	Sagittaire, Scorpion, Balance, Vierge, Lion, Cancer, Gémeaux, Taureau, Bélier, Poissons, Verseau et Capricorne.
Capricorne (direction anti-zodiaque)	Capricorne, Sagittaire, Scorpion, Balance, Vierge, Lion, Cancer, Gémeaux, Taureau, Bélier, Poissons et Verseau.
Verseau (direction du zodiaque)	Verseau, Poissons, Bélier, Taureau, Gémeaux, Cancer, Lion, Vierge, Balance, Scorpion, Sagittaire et Capricorne.
Poissons (direction du zodiaque)	Poissons, Bélier, Taureau, Gémeaux, Cancer, Lion, Vierge, Balance, Scorpion, Sagittaire, Capricorne et Verseau.

Après avoir déterminé l'ordre de dasha, la période de dasha des rasis sont calculées selon les règles suivantes :

1. Le nombre d'années[18] est égale à X-1, où X représente la distance entre le Rasi dont la periode est à determiner et son seigneur, compté dans le sens des aiguilles d'une montre ou dans le sens inverse, selon que le Rasi concerné appartient au respectivement groupe Savya rasi ou Apa-savya rasi..
2. Pour calculer la période du dasha d'un Vishamapada rasi (Savya rasi), la position de son Seigneur doit être calculée dans la direction du zodiaque ; et celle d'un Samapada rasi (Apa-savya rasi) dans la direction de l'anti zodiaque.
3. Si le Seigneur d'un rasi est exalté, la période de dasha de ce rasi doit être augmentée d'un an.
4. si le Seigneur d'un rasi est en chute, la période de dasha de ce rasi doit être diminuée d'un an.
5. Si le Seigneur d'un rasi est dans son propre rasi, la période de dasha est de 12 ans[19].

Règles spéciales pour le Scorpion et le Verseau :

Pour Scorpion, la seigneurie est donnée à Mars et Ketu.

Pour le Verseau rasi, la seigneurie est donnée à Saturne et Rahu.

Pour le calcul de la période de dasha de ces deux rasi, le plus fort des seigneurs ci-dessus doit être trouvé.

Si Mars ou Saturne devient Ak, considérez-les comme étant plus forts que Ketu et Rahu respectivement. Sinon, considérez les critères suivants :

- Si les deux sont dans leur propre maison, la période du dasha doit être calculée comme étant de 12 ans.
- Si les deux sont ensemble dans un rasi, alors la règle normale doit être appliquée.
- Si un seigneur est dans sa propre maison et l'autre dans un rasi différent, ignorez le premier et considérez le second.
- S'ils ne sont pas ensemble dans un rasi, alors préférez le seigneur qui est le plus fort.

La force :

---

[18] Le nombre total d'années dans Chara dasa n'indique pas indique pas la longévité. Si la durée de vie est plus longue, les périodes de Chara dasa de chaque signe se répètent jusqu'à la fin de la vie.

[19] Le nombre maximum d'années dans un chara dasa est de 12 ans. Par conséquent, 1 an ne doit pas être ajouté à 12 ans (Swakshetra), lorsque Mercure est posté en Vierge.
Le nombre minimum d'années dans le chara dasa est de 1 an. Par conséquent, 1 an ne sera pas déduit de 1 an, lorsque Jupiter est posté en Capricorne.

a. Une planète aspectée par le seigneur de rasi, ou Jupiter ou Mercure est forte.

b. Une planète associée à une autre planète est plus forte que la planète qui n'a pas d'association.

c. Si les deux ont des associations égales, alors on considère la la force du rasi. Dwiswabhava rasi est plus fort que Sthira rasi et Sthira rasi est plus fort que Chara rasi.

d. Même si les deux ont la même force, alors il faut considérer la planète qui donne le plus grand nombre d'années de vie.

La sous-période d'un signe doit être calculée en suivant les mêmes procédures que celles utilisées pour déterminer le chara dasha. L'ordre de la sous-période d'un signe dépend de la 9ème maison du signe pour lequel le dasha doit être calculé, qu'il soit oja rasi ou yugma rasi. Si la 9ème maison est oja rasi, le cycle antar dasha sera dans la direction du zodiaque ; si elle est yugma rasi, il sera dans la direction anti-zodiaque. Le premier sous-dasha sera le deuxième rasi du signe pour lequel les antar dasha sont à considérer.

Par exemple, si la sous-période du Lion doit être calculée, alors le 9ème du Lion est le Bélier, qui est un savya rasi. L'ordre des sous-périodes d'un signe sera donc dans la direction du zodiaque. Pour le Sagittair, la 9ème maison est le Lion, qui est un apasavya rasi. Donc le cycle subdasha sera dans la direction anti-zodiacale.

La durée d'une sous-période est égale à un douzième de la durée d'un période d'un signe car le nombre d'une période étant de 12 ans. Ainsi, la période de Vrishabha étant de 7 ans, chaque sous-période s'étend sur 7 mois.

Je vais donner un exemple concret avec le thème ci-après.

♂ 06°24		♃ 09°58R	
♓	♈	♉	♊
IX	X	XI	XII
☊ 18°29 ♍ VIII	JAIMINI EXEMPLE 627-ANTANANARIVO Heure : 0:06 Zone : -3 Long. : -47.31 Lat. : -18.55 Né le : 3/11/1988 Mode sidéral Lahiri	Asc 13°42 ♋	I
	Maître du jour : Jupiter Maître heure : Mars	☽ 03°35 ☋ 18°29 ♌	II
♑ VII			
♄ 05°23 ♐ VI	♏ V	☉ 16°58 ☿ 00°35 ♎ IV	♀ 11°01 ♍ III

L'Asc se trouve en Cancer, la maison 9 est en Poissons, un apasavya rasi. Aussi, le comptage se fait dans le sens anti-zodiacal.

Sens Zodiacal : Vishamapada rasis ou Savya rasis (Bélier, Taureau, Gémeaux, Balance, Scorpion, Sagittaire)

Anti-zodiacal : Yugma Rasis ou Samapada rasis ou Apa-savya rasis (Cancer, Lion, Vierge, Capricorne, Verseau et Poissons).

La Lune est maîtresse de la I, elle est en Lion, un savya rasi. Le comptage se fait dans le sens anti-zodiacal. Du Cancer au Lion dans le sens anti zodiacal, on note 12 signes – 1. La période de la Lune est de 11 ans.

Mercure est en Balance, vishamapada rasi, le comptage se fait dans le sens zodiacal. Des Gemeaux au Balance en note 5- 1 signes. La période des Gémeaux est de 4 ans.

Vénus est en chute en Vierge, un Apa-savya, le comptage se fait dans le sens anti-zodiacal. De la Vierge au Taureau, on note dans le sens anti zodiacal, 5 signes - 1. La période du Taureau est de 4 – 1 ans car Vénus est en chute.

Mars est en Poissons, un Apa-savya, le comptage se fait dans le sens anti-zodiacal. Des Poissons au Bélier en sens inverse, on note 12 signes – 1. La période du Bélier est de 11 ans

Jupiter est en Taureau, un Apa-savya rasi, le comptage se fait dans le sens anti-zodiacal. Du Poissons au Taureau en sens inverse, on note 11 signes – 1. La période des Poissons compte 10 ans.

Saturne n'est pas Ak. Rahu est en domicile en Verseau. La période du Verseau est de 12 ans.

Saturne est en Sagittaire, un Savya rasi (sens zodiacal). La période du Capricorne est de 11 ans.

Jupiter est en Taureau, un Savya rasi, le comptage se fait dans le sens zodiacal. Du sagittaire au Taureau en sens direct, on note, 6 signes – 1. La période du Sagittaire dure 5 ans.

Ketu a pour dispositeur le Soleil, Mars a pour dispositeur Jupiter. Le Soleil aspecte Ketu, Jupiter n'aspecte pas Mars. Ketu est avc la Lune. Ketu est plus puissant. Le Scorpion est maitrisé par Ketu. Ketu est en Lion, un Apa-savya rasis, le comptage se fait dans le sens anti-zodiacal. Du Scorpion au Lion en sens inverse, on note 4 signes – 1. La période du Scorpion dure 3 ans.

Vénus est en chute en Vierge, un Apa-savya, le comptage se fait dans le sens anti-zodiacal. De la Balance a la Vierge en sens indirect, on note, 2 signes- 1. La période de la Balance est de 1 an.

Signe	Maître du signe	Maître du signe	Années	Grandes Périodes
Cancer	Lune	Maison II, Lion	11 ans	03/11/88-03/11/99
Gemaux	Mercure	IV Balance	04 ans	03/11/99- 03/11/03
Taureau	Vénus	III Vierge	03 ans	03/11/03-03/11/06
Bélier	Mars	IX Poissons	11 ans	03/11/06- 03/11/17
Poissons	Jupiter	XI	10 ans	03/11/17-03/11/27
Verseau	Rahu	VIII	12 ans	03/11/27-03/11/39
Capricorne	Saturne	VI Sagittaire	11 ans	03/11/39-03/11/50
Sagittaire	Jupiter	XI Taureau	05 ans	03/11/50 - 03/11/55
Scorpion	Mars/Ketu	IX, II , Poissons/ Lion	03 ans	03/11/55-03/11/58
Balance	Vénus	III, Vierge	01 an	03/11/58 - 03/11/59
Vierge	Mercure	IV, Balance	01 an	03/11/59 - 03/11/60

| Lion | Soleil | II, Lion | 10 ans | 03/11/60 - 03/11/70 |

1.2.

Méthode K. N. Rao

Ce Chara dasha est applicable sur tous les horoscopes (feminin ou masculin). Le Chara dasha commence toujours par le signe du lagana. Le premier dasha sera du signe de lagan. Il peut être mobile, fixe ou double. L'ordre de Chara dasha dépend du signe de la 9ème maison de lagana. Les signes sont regroupés en deux catégories. L'une est directe (savya) et l'autre est indirecte (apsavya). Ce sont des groupes de trois signes, chacun partant du Bélier. Les trois premiers signes, le Bélier, le Taureau et les Gémeaux, font partie du groupe direct. Les trois signes suivants, Cancer, Lion et Vierge, sont dans le groupe indirect. Encore une fois, la Balance, le Scorpion et le Sagittaire sont dans le groupe direct. Les trois signes restants, le Capricorne, le Verseau et les Poissons, sont dans le groupe indirect.

En d'autres termes, le dasha commence à partir de l'Asc. Les signes du dasha partent directement de l'Asc si sa 9ème maison est dans le groupe ojapada. Les signes du dasha partent en sens inverse de l'Asc si la 9ème maison de l'Ascdt est dans le groupe sama pada.

Voici les douze signes de dasha pour les douze ascendants dans le Chara Dasha

1. le Bélier : - Bélier, Taureau, Gémeaux, Cancer, Lion, Vierge, Balance, Scorpion, Sagittaire, Capricorne, Verseau, Poissons.

2. Taureau:- Taureau, Bélier, Poissons, Verseau, Capricorne, Sagittaire, Scorpion, Balance, Vierge, Lion, Cancer, Gémeaux.

3. Gémeaux:- Gémeaux, Taureau, Bélier, Poissons, Verseau, Capricorne, Sagittaire, Scorpion, Balance, Vierge, Lion, Cancer.

4. Cancer:- Cancer, Gémeaux, Taureau, Bélier, Poissons, Verseau, Capricorne, Sagittaire, Scorpion, Balance, Vierge, Lion.

5. Lion:- Lion, Vierge, Balance, Scorpion, Sagittaire, Capricorne, Verseau, Poissons, Bélier, Taureau, Gémeaux, Cancer.

6. Vierge:- Vierge, Balance, Scorpion, Sagittaire, Capricorne, Verseau, Poissons, Bélier, Taureau, Gémeaux, Cancer, Lion.

7. Balance:- Balance, Scorpion, Sagittaire, Capricorne, Verseau, Poissons, Bélier, Taureau, Gémeaux, Cancer, Lion, Vierge.

8. Scorpion:- Scorpion, Balance, Vierge, Lion, Cancer, Gémeaux, Taureau, Bélier, Poissons, Verseau, Capricorne, Sagittaire.

9. Sagittaire:- Sagittaire, Scorpion, Balance, Vierge, Lion, Cancer, Gémeaux, Taureau, Bélier, Poissons, Verseau, Capricorne.

10. Capricorne:- Capricorne, Sagittaire, Scorpion, Balance, Vierge, Lion, Cancer, Gémeaux, Taureau, Bélier, Poissons, Verseau.

11. Verseau:- Verseau, Poissons, Bélier, Taureau, Gémeaux, Cancer, Lion, Vierge, Balance, Scorpion, Sagittaire, Capricorne.

12. Poissons:- Poissons, Bélier, Taureau, Gémeaux, Cancer, Lion, Vierge, Balance, Scorpion, Sagittaire, Capricorne, Verseau.

1.3. Méthode du Dr. P. S. Shastri

Cette méthode de calcul de Charadasha est similaire à la méthode Parashara, avec les variations suivantes: Elle débute à partir de l'Asc et la succession des periodes des ignes à partir de l'Ascdt est directe et régulière si l'Ascdt est un signe impair et cardinal. La succession des dasha-signes est inverse et régulière à partir de l'Ascdt si l'Asc est pair et cardinal. Si l'Ascdt est un signe impair et fixe la succession des dasha-signes est directe et tous les 6ème à partir de l'Ascdt. Si l'Ascdt est pair et fixe, la succession des dasha-signes est inverse dans l'ordre de tous les 6ème à partir de l'Ascdt. Si l'ascdt est un signe impair et double la succession des signes dashas est directe et dans l'ordre de 1, 5, 9 à partir de l'Ascdt.

Asc	
1	Bélier, Taureau, Gémeaux, Cancer, Lion, Vierge, Balance, Scorpion, Sagittaire, Capricorne, Verseau, Poissons.
2	Taureau, Sagittaire, Cancer, Verseau, Vierge, Bélier, Scorpion, Gémeaux, Capricorne, Lion, Poissons, Balance
3	Gémeaux, Balance, Verseau, Cancer, Scorpion, Poissons, Lion, Sagittaire,

	Bélier, Vierge, Capricorne, Taureau.
4	Cancer, Gémeaux, Taureau, Bélier, Poissons, Verseau, Capricorne, Sagittaire, Scorpion, Balance, Vierge Lion.
5	Lion, Capricorne, Gémeaux, Scorpion, Bélier, Vierge, Verseau, Cancer, Sagittaire, Taureau, Balance, Poissons.
6	Vierge, Taureau, Capricorne, Lion, Bélier, Sagittaire, Cancer, Poissons, Scorpion, Gémeaux, Verseau, Balance.
7	Balance, Scorpion, Sagittaire, Capricorne, Verseau, Poissons, Bélier, Taureau, Gémeaux, Cancer, Lion, Vierge.
8	Scorpion, Gémeaux, Capricorne, Lion, Poissons, Balance, Taureau, Sagittaire, Cancer, Verseau, Vierge, Bélier.
9	Sagittaire, Bélier, Lion, Capricorne, Taureau, Vierge, Verseau, Gémeaux, Balance, Poissons, Cancer, Scorpion
10	Capricorne, Sagittaire, Scorpion, Balance, Vierge, Lion, Cancer, Gémeaux, Taureau, Bélier, Poissons, Verseau.
11	Verseau, Cancer, Sagittaire, Taureau, Balance, Poissons, Lion, Capricorne Gémeaux, Scorpion, Bélier, Vierge.
12	Poissons, Scorpion, Cancer, Verseau, Balance, Gémeaux, Capricorne, Vierge, Taureau, Sagittaire, Lion, Bélier.

2. Trikona dasha

Les trikonas ou les 3 signes de l'ascendant (I, V, IX) sont les meilleurs signes bénéfiques. Les seigneurs sont toujours considérés comme bénéfiques. Ils sont appelés laxmi sthana et également les 3 maisons du dharma. Il existe plusieures méthodes de calcul du trikona dasha. Je donne la méthode utilisée par B.V. Raman.

Il convient de déterminer le plus fort d'entre le signe du Lagna, de la 5ème et de la 9e. Le premier Dasa commencera à partir de celle-ci. L'ordre de succession sera direct ou inverse selon que le Rasi de départ se réfère au groupe Savya ou Apasavya. Si le 1er Rasi se réfère au groupe Savyag, alors les dashas se succéderont (dans l'ordre direct) de la manière suivante :

2ᵉ periode	5ᵉ du premier
3ᵉ periode	9ᵉ
4ᵉ periode	2ᵉ
5ᵉ periode	6ᵉ
6ᵉ periode	10ᵉ
7ᵉ periode	3ᵉ
8ᵉ periode	7ᵉ
9ᵉ periode	11ᵉ
10ᵉ periode	4ᵉ
11ᵉ periode	8ᵉ
12ᵉ periode	12ᵉ

Si le premier dahsa est celui de Mithuna. Le 2ème dasha serait celui du 2ème Thrikona (le 5ème), le 3ème dasha, celui de Kumbha (le 9ème) le 4ème, celui de Karkataka (le 2ème) et ainsi de suite.

Lorsque le premier Rasi se réfère au groupe Apasavya, les dashas suivants se succèdent comme indiqué ci-dessus mais dans l'ordre inverse. Ainsi, si le premier dasha est celui de Karkataka, le troisième dasha sera celui du 5ème en partant de celui-ci (dans le sens inverse des aiguilles d'une montre), c'est-à-dire celui de Meena, le troisième celui du 9ème (Vrischika), le quatrième celui du 2ème (Mithuna) et ainsi de suite.

La durée d'un Thrikona Dasa doit être déterminée en appliquant la même méthode que dans le cas de CharaDara, c'est-à-dire en comptant dans le sens des aiguilles d'une montre ou dans le sens inverse (selon que le Rasibel appartient au groupe Savya ou Apasavya) le nombre de Rasis entre le Rasi en question et son seigneur. Ainsi si la période du Dasa du Cancer est obtenue et que le seigneur de la Lune est en Simha, le Cancer appartient au groupe Apasavya.

Par conséquent, le décompte doit se faire dans le sens des aiguilles d'une montre. La Lune occupe le 12ème (n) et donc la durée du Dasa serait de 11 ans (n-1).

La durée d'une sous-période est égale à un douzième de la durée d'une grande période. L'ordre de succession des sous-périodes est le même que l'ordre de succession des Dashas. Si le Rasi pour lequel des sous-périodes sont requises appartient au groupe Savyag, les sous-périodes se succéderont dans l'ordre direct, la première période étant celle du Dasa Rasi, la 2ème celle du 5ème Rasi, la 3ème celle du 9ème Rasi, la 4ème celle du 2ème Rasi, etc. en comptant dans le sens des aiguilles d'une montre. Si le Dasa Rasi pour lequel des sous-périodes sont requises se réfère au groupe Apasavya, alors l'ordre ci-dessus est également valable, mais dans le sens inverse. Prenons l'exemple du Cancer. Il appartient au groupe Apasavya. La première sous-période serait celle du Cancer, la deuxième serait celle du 5ème (comptée à rebours), à savoir les Poissons, la troisième sous-période celle du 9ème (comptée à rebours), à savoir le Scorpion et ainsi de suite.

Si l'on prend le Thrikona Dasa de Makara, la période étant de 7 ans, la durée de chaque sous-période serait de 0 an-7 mois-0 jour. Comme Makara appartient au groupe Apasavy, le décompte des sous-périodes doit se faire dans l'ordre inverse. La première sous-période est celle de Makara, la 2e celle de Kanya (5ème compté à rebours depuis Makara), la 3ème celle de Vrishabha et ainsi de suite.

3. Sthira dasha

Comme son nom l'indique, les périodes de Sthira Dasa sont fixes et ne sont pas variables. Sthira Dasa est considéré comme très important pour déterminer la période mortifère (Maraka) ou la mort, les malheurs, les accidents, les maladies.

Pour les besoins du calcul de Sthira Dasa, les douze signes du zodiaque ont été divisés en trois groupes en fonction de la nature Chara, Sthira et Dwiswabhava des signes. Les durées des Sthira Dasas d'une Chara rasi, d'une Sthira rasi et Dwiswabhava rasisont respectivement de 7, 8 et 9 ans. La durée des antar dashas ou les sous-périodes d'un signe est répartie de manière égale : 7 mois, 8 mois et 9 mois respectivement. Les praryanrar dashas (inter-périodes) peuvent également être calculés. Chaque pratyantar pour une durée de 7 ans obtient la durée de 17 jours et 12 heures. Chaque pratyantar pour une durée de 8 ans obtient la durée de 20 jours et chaque pratyantar pour une durée de 9 ans obtient une durée de 22 jours et 12 heures.

Après avoir évalué la force des planètes et des signes, les planètes qualifiées de Brahma, Rudra et Maheshwara sont à déterminer.

- ✓ Détermination de Brahma

Les étapes de la détermination de Brahma sont les suivantes :

- Déterminez la plus forte des deux maisons, le lagna et la 7ème maison.
- Déterminez le plus fort des seigneurs 6e, 8e et 12e de cette maison.
- Si Saturne est qualifié pour le poste de Brahma, il suffit de le rejeter.

Le sthira dasha commence à partir du rashi où Brahma est placé.

- ✓ Rudra

Le plus fort d'entre les seigneurs de la 2e et 8e maison devient Rudra. La force peut être prise dans le graha bala (Annexe 2).

- ✓ Maheshwara

Le seigneur de la 8ème maison de l'AtmaKaraka devient Maheshwara, mais, selon d'autres, s'il est exalté dans sa propre maison, alors on considère le seigneur de la 12ème maison de l'AtmaKaraka. Le plus fort des deux devient Maheshwara.

Deux points de vue sont exprimés en ce qui concerne le début du Dasa. Selon l'une d'elles, Sthira Dasa commence à partir de Lagna ou du 7ème, selon ce qui est le plus fort. Ce point de vue n'est pas soutenu par Parasara. Jaimini lui-même est très clair en disant dans Sutrar 4 (Adh. II, PadaIII) que le Sthira Dasa commence à partir du Rasi occupé par Brabma. Le Parasara soutient clairement ce point de vue. Par conséquent, le premier Sthira Dasa commence à partir du Rasi occupé par Brahma et les Sthira Dasas suivants se succèdent dans l'ordre régulier. Certains érudits ont également suggéré que l'équilibre du premier Sthira Dasa devrait être trouvé en prenant en considération le degré restant à parcourir par Brahma Graha, mais cela ne semble pas avoir reçu l'approbation des commentateurs. Certains disent que si le Dasa Rasi de départ est impair, l'ordre de succession sera direct. S'il est pair, l'ordre sera inversé.

Prenons un exemple :

♂ 06°24 IX	♈ X	♃ 09°58R ♉ XI	♊ XII
☊ 18°29 VIII	JAIMINI EXEMPLE 627-ANTANANARIVO Heure : 0:06 Zone : -3 Long. : -47.31 Lat. : -18.55 Né le : 3/11/1988 Mode sidéral Lahiri Maître du jour : Jupiter Maître heure : Mars	Asc 13°42 I	☽ 03°35 ☋ 18°29 II
♄ 05°23 VI	☉ 16°58 ☿ 00°35 V	IV	♀ 11°01 III

Le lagna est en Karka. La 7ème maison du lagna Karka est Makara. La force du rasi Karka prise dans le rasi bala est de 270 unités et celle de la 7 ème est de 180 unités. Ici le lagna devient fort avec 270 unités. Les 6ème, 8ème et 12ème seigneurs doivent être pris à partir du lagna. Le 6ème seigneur est Jupiter et a 120 unités. Le 8ème seigneur est Saturne et selon la règle, Saturne doit être rejeté. Mercure, 12ème seigneur, a 160 unités. Parmi les deux planètes Jupiter et Mercure, Mercure devient fort et est déterminé comme Brahma.

Le Mercure est placé dans Tula. Donc le dasha commence à partir de Tula. Le premier dasha est Tula pendant 7 ans, Vrischika pendant 8 ans, Dhanu pendant 9 ans. Makara pendant 7 ans, Kumbha pendant 8 ans, Meena pendant 9 ans et ainsi de suite.

Tula est d'une durée de 7 ans et donc chaque dasha antar a une durée de 7 mois.

4. Narayana dasha selon Sanjay Rath

Ce typle de dasha est pertitent pour toutes les nativités et pour toutes les prédictions. Le calcul se fait comme suit :

- Prendre le plus puissant entre l'ascendant et la 7e maison.

- Commencer le dasha à partir de ce signe.

- Selon que la 9e de ce signe est pied impair (1, 2, 3, 5, 8, 9) ou pied pair (les autres signes) le dasha progressera selon le sens : zodiacal ou anti-zodiacal.

- Basé sur le signe de début, utiliser une des progressions suivantes :

Si le premier signe est cardinal la progression est régulière.

Exemple : 1 (zodiacal) : 1, 2, 3, 4, 5, etc ; Cn (anti-zodiacal) : 4, 3, 2, 1, 12 etc.

Si le premier signe est fixe la progression se fait tous les 6 signes. Exemple

5 (zodiacal) : 5, 10, 3, 8, 1, 6, 11, 4, 9, 2, 7, 12.

2 (anti-zodiacal) : 2, 9, 4, 11, 6, 1, 8, 3, 10, 5, 12, 7

Si le premier signe est mutable la progression se fait tout les 5, 9, 10, 2, 6 signes etc (c'est à dire après les trines on passe au set de trines suivants).

Exemple :

6 (zodiacal) : 6, 10, 2, 3, 7, 11, 12, 4, 8, 9, 1, 5

3 (anti-zodiacal) : 3, 11, 7, 6, 2, 10, 9, 5, 1, 12, 8, 4

Comptage des années

- ✓ Dashas

- Compter à partir du signe du dasha jusqu'à son maître. Dans le cas du scorpion et du

Verseau, prendre le plus fort des deux.

- Si le signe est pied impair, compter dans le sens zodiacal et dans le sens contraire si c'est un signe pied pair.

- Si le maître du signe est en domicile, cela vaut 12 ans. Ne pas faire le point 4.

- Soustraire 1 an du résultat obtenu en 3. Ex : Ar dasha sera de 2, 6, 10 et 12 ans si mars se trouve respectivement en Ge, Li, Aq, Ar.24

- Si le maître est en chute, soustraire 1 an et ajouter 1 an s'il est exalté. Exception pour Mercure en Vi qui compte comme en domicile et donc vaut 12 ans. Exemple : Si Mars est en 4, le dasha de 1 sera de 2 ans et sera de 10 ans s'il est en 10.

- Après que les 12 dashas ai été fixé, on commence le 2ième cycle dont le schéma est le même que le premier mais dont la longueur est fixé par le calcul de 12 ans – le nombre d'année du cycle précédent.

Exemple : si nous avons 1:12, Ta : 2, 3:11 ans etc dans le 1er cycle, le deuxième sera : 1 : 8, 2 : 10, 3 : 1 an.

- ✓ Antardasha

- Trouver le plus fort entre le signe du dasha et la 7th

- Prendre le maître de ce signe. Voir le signe dans lequel il se trouve et commencer l'antardasha par lui.

- Si c'est un signe impair, aller dans le sens zodiacal, dans le cas contraire aller dans l'autre sens. Dans les deux cas suivre l'évolution naturelle des signes (1, 2, 3, 4 ou dans l'autre sens).

- Les 12 antardasha sont de même durée. Donc si le Dasha sera de x années, tout les antardasha seront de x mois.

Force

a) entre Rahu/Saturne et Ketu/Mars

1. Voir d'abord si un des deux maîtres est en domicile. Si oui, alors prendre l'autre !

Ainsi si saturne est en verseau alors prendre invariablement Rahu. Idem entre mars et ketu. Ainsi si ketu est en scorpion alors prendre mars ! Si les deux sont en scorpion prendre celui qui à le nombre de degrés le plus élevé.

2. Si une des deux maisons abrite plus de planètes, alors elle est plus forte que l'autre.

3. Si l'une d'elles est aspectée par l'une (ou plus) parmi a) Jupiter, b) Mercure, c) le dispositeur, alors elle est la plus forte. Toutes ces planètes ont une valeur égale.

Exemple : Si l'axe est Le / Aq et que Le est aspecté par Ju et Aq par Me et que leur maître n'aspecte pas leur signe respectif (c-à-d que le soleil n'aspecte pas le Le et que Sa n'aspecte pas Aq). Alors il y a un nœud (si l'on peut dire….) et il faut choisir parmi l'aspect le plus puissant ainsi :

4. si l'un d'eux est exalté alors il est le plus fort

5. celui qui occupe le signe de force naturelle la plus élevée (mutable > fixe > cardinal) est le plus fort

6. celui qui donne le plus d'années est le plus fort

7. le signe dont le maître est le plus avancé en terme de longitude à partir du début de son signe est le plus fort. Rahu & Ketu doivent être mesuré à partir de la fin du signe.

b) entre la 1th et la 7th

1. Si une des maisons ci-dessus abrite un plus grand nombre de planètes elle est la plus puissante.

2. Même règle que 3) ci-dessus

3. Un signe dont le maître est dans un autre signe dont la parité (pair/impair) est différente se montre plus fort que ce même maître dans un signe de parité égale à son domicile.

4. Même règle que 7) ci-dessus

Exception

- la présence de Saturne/ketu dans la plus forte entre la 1th et la 7th va modifier la séquence Dasha/Antardasha. Saturne fait aller la séquence zodiacalement & Ketu l'inverse, quelle que soit le type de séquence.

Il est à noter que la maison gagnant la bataille entre la 1th et la 7th et initiant le cycle dasha/antardasha doit avoir les planètes ci-dessus mentionnées. Ceci doit être tenu à l'esprit, spécialement pour l'antardasha, ou le cycle est initié à partir du signe occupé par le vainqueur 1/7.

Exemple : Si Le/Aq sont en lice pour la séquence de l'antardasha et que Le gagne avec le soleil (Su) en Ar, alors la séquence sera Ar, Ta, Ge, etc. Mais si Ketu était à la place de Le, alors la séquence sera Ar, Pi, Aq etc. Même si ketu était en Ar avec le Su, il progresserait selon la séquence zodicale Ar, Ta, Ge. Le plus important pour que cette exception fonctionne, Sa/Ke doit être dans la plus forte des deux maisons 1/7.

- Une année est déduite seulement si la planète débilitée est prise comme maître. Si vous prenez Ketu comme maître et trouvez les années dashas basées sur Ketu, l'exaltation ou débilitation de mars ne compte plus. Vous devez par contre ajouter ou soustraire 1 année pour le dasha de Ar, car Mars est son seul maître.

5. Nirayana shoola dasha (NSD)

Il est réputé pour les questions sur la longévité.

La grande période : Chaque dasha est d'une durée de neuf ans. La période totale de tous les signes est de 108 ans, ce qui correspond à la durée de vie complète d'un humain.

Sous-périodes : Dans chaque Maha dasha, il y a 12 sous-périodes de 9 mois chacune. La première sous-période appartient au Maha dasha et est suivie dans l'ordre direct.

Selon B.V. Raman « *On l'utilise surtout pour prédire la mort du natif. La durée de chaque dasa est de 9 ans, il commence à partir du 7ème Rasi de Maraka et se succède directement ou inversement, selon que le Lagna est pair ou impair. On dit que Maraka se produit lorsque le Dasa atteint le ce qui est généralement le cas lorsque l'âge se situe entre 54 et 63 ans.* »

La période commence à partir de l'Ascdt ou de sa 7ème maison, selon le signe qui est la plus forte. Si l'Asc est plus fort que sa 7ème maison, commencez la période à partir de l'Asc et la succession période est directe si l'Ascdt est un signe impair ou converse si c'est un signe pair. Si la 7ème maison est plus forte que l'Asc, la période commence à partir de la 7ème maison.

Pour commencer le Niryana Soola Dasa, il faut d'abord vérifier si l'ascendant est plus fort que le descendant comme suit:

1. Celui qui est occupé par une planète est plus fort ;

2. Celui qui est occupée par un plus grand nombre de planètes est plus fort ;

3. Si les deux signes sont occupés par un nombre égal de planètes, jugez de la force par l'exaltation, la maîtrise, etc…

4. Si les deux sont inoccupés par des planètes, jugez de la force du seigneur de l'Ascendant et du seigneur de la 7ème maison.

5. Si la force est toujours la même, le seigneur qui atteint des degrés supérieurs doit être considéré.

6. Si les degrés des deux sont les mêmes, jugez par la force de la prativesika. Cela signifie donc : un signe impair est plus fort si son seigneur est dans le signe pair que le signe impair dont le seigneur est dans le signe impair ; un signe pair est plus fort si son seigneur est dans un signe impair que le signe pair dont le seigneur est dans un signe pair.

Les périodes du signe qui causent la mort :

1. Les périodes du 5 et 9ème signes de l'Asc ou de sa 7ème maison, selon ce qui commence.

2. Les périodes du 5ème et 9ème signes des planètes de Rudra[20].

---

[20] Planètes Rudra : Trouvez le maître de la 8ème de l'Ascdt et le maître de la 8ème de la 7ème de l'Asc Le plus fort des deux est appelé le Prani Rudra. Le plus faible, s'il est associé ou aspecté par un maléfique, devient l'Aprani Rudra.

3 – Les périodes du signe occupé par Prani Rudra s'il est maléfique.

4. Les périodes du signe occupé par Aprani Rudra.

5. Les périodes du signe occupé ou aspecté par Mars et la Lune.

6. Les périodes du signe sous les aspects Saturne et Rahu.

7. Les périodes du signe occupé ou aspecté par la Lune déjà placée en Bélier ou en Scorpion.

8. Les périodes du signe occupé ou aspecté par la Lune associée à des maléfiques.

Annexe 3 : Interpretation d'une période/sous-période d'un signe (Chara dasha /Parashara)

Bien que le chara dasha expliqué dans ce livre soit normalement décrit comme ayurdasha par les anciens commentateurs, le Sage Parasara l'a traité comme phalitha dasha et l'a décrit comme ci-dessous. Pour plus de détails, le lecteur est invité à se référer au livre Brihat Parashara Hora Shastra dont j'ai traduit en français.

1. Les résultats d'une période/sous-période d'un signe sont interprétés sur la base de la force de son force de la planète qui le maîtrise.

2. Les résultats seront excellents, médiocres et mauvais en fonction de la force de son Seigneur qui est respectivement forte, moyenne et faible.

3. Le dasha d'un Rasi ayant une planète bénéfique comme Seigneur ou si une planète bénéfique y est posée, les résultats de ce Dasha seront de bon augure.

4. Pendant le dasha d'un rasi bénéfique[21], si une planète maléfique y est posée, le rasi donnera d'abord des résultats favorables, puis des résultats défavorables.

5. Pendant le dasha d'un rasi maléfique, si une planète bénéfique y est posée, le rasi donnera d'abord des résultats défavorables, puis des résultats favorables.

6. Pendant le Dasha d'un rasi bénéfique, lorsque des planètes bénéfiques et maléfiques y sont postées, le rasi donnera d'abord des résultats défavorables, puis des résultats favorables.

7. Pendant le dasha d'un rasi maléfique, lorsqu'une planète maléfique y est posée, le rasi donnera des résultats défavorables (souffrances mentales et corporelles) pendant toute sa période de dasha.

---

[21] Les rasi bénéfiques sont le Taureau, la Balance, le Sagittaire, les Poissons, les Gémeaux et la Vierge appartenant respectivement aux bénéfiques Vénus, Jupiter et Mercure.

8. Il y aura du succès et la faveur du gouvernement pendant le Dasha d'un rasi, si des bénéfiques sont posés en 2ème et 5ᵉ de ce rasi.

9. Il y aura des résultats défavorables pendant le dasha d'un rasi, si les maléfiques sont posés en 2ème et 5ᵉ de ce rasi.

10. Il y aura succès et victoire pendant le Dasha d'un rasi, si les maléfiques sont posés en 3ème et 6ème de ce rasi.

11. Il y aura des problèmes et des échecs pendant le Dasha d'un rasi, si les bénéfiques sont posés en 3ème et 6ème de ce rasi.

12. Il y aura des succès et des gains pendant le Dasha d'un rasi, si les bénéfiques ou les maléfiques sont posés en 11e de ce rasi. 13.

13. Il y aura du bonheur et une bonne santé pendant le Dasha d'un rasi, si les bénéfiques sont posés en 5ème et 8ème de ce rasi.

14. Il y aura des troubles pendant le Dasha d'un rasi, si les maléfiques sont posés en 5ème, 9ème et 8ème de ce rasi.

15. Il y aura un penchant pour sa propre religion pendant le Dasha d'un rasi, si les bénéfiques sont posés en 9ème de ce rasi.

16. Il y aura des résultats inverses pendant le Dasha d'un rasi, si les maléfiques sont posés en 9ème de ce rasi.

17. Il y aura des résultats mitigés durant le Dasha d'un rasi, si les bénéfiques et les maléfiques sont posés en 9e de ce rasi.

18. Il peut y avoir des problèmes de santé du conjoint pendant le Dasha d'un rasi, si les maléfiques sont posés en 7ème de ce rasi.

19. Il peut y avoir déplacement ou perte de la maison pendant le Dasha d'un rasi, si les maléfiques sont posés au 4ème de ce rasi.

20. Le fils du natif peut avoir des problèmes pendant le Dasha d'un rasi.

Dasha d'un rasi, si les maléfiques sont posés en 5ème de ce rasi. 21.

21. Il peut y avoir des problèmes pour le père du natif pendant le Dasha d'un rasi, si les maléfiques sont posés en 9ème de ce rasi.

22. Il peut y avoir dégradation ou perte de statut pendant le Dasha d'un rasi, si les maléfiques sont posés en 10ème de ce rasi.

23. Il peut y avoir toutes sortes d'ennuis et d'obstacles pendant le Dasha d'un rasi, si les maléfiques sont posés en 11e de ce rasi.

24. Il peut y avoir un succès total pendant le Dasha d'un rasi, si les bénéfiques sont posés en 11ème de ce rasi.

25. Il peut y avoir un succès général et un gain de richesse pendant le Dasha d'un rasi, si les bénéfiques sont posés dans les Kendras de ce rasi.

26. Le Dasha d'un rasi ayant une planète bénéfique posée en lui et une planète bénéfique est posée dans le rasi précédent ; les résultats de ce Dasha seront favorables.

27. Le Dasha d'un rasi ayant une planète maléfique posée en lui et une planète maléfique posée dans le rasi précédent ; les résultats de ce Dasha seront de mauvais augure.

28. Il y aura des résultats favorables pendant le Dasha d'un rasi, si des bénéfiques sont posés en 5ème, 8ème et 12ème de ce rasi.

29. Il y aura des résultats défavorables pendant le Dasha d'un rasi, si des maléfiques sont posés en 5ème, 8ème et 12ème de ce rasi.

30. Il y aura des résultats favorables pendant le Dasha d'un rasi, si une planète exaltée ou propre est posée en lui.

31. Il y aura des résultats défavorables pendant le Dasha d'un rasi, s'il est dépourvu de toute planète.

32. Il y aura des propriétés extraordinaires pendant le Dasha d'un rasi, si Vénus est posée en 2ème position de ce rasi.

33. Il y aura acquisition de terres, de véhicules et de propriétés pendant le Dasha d'un rasi, si la Lune s'est unie à Vénus (positionnée en 2ème position de ce rasi). 34.

34 Il y aura des conflits concernant les propriétés parentales pendant le Dasha d'un rasi, si Rahu est placé au 2ème rang de ce rasi. Mais le natif obtient une sorte de bénéfice pendant cette période.

Avant d'arriver à la conclusion, considérez le thème natal ainsi que les transits des planètes au cours de cette période.

Références

G.V. Prabhakara Murthy, An Introduction to Jaimini Astrology

V.P. Goel, Predicting through Jamini Astrology

B.V.Raman, Studies in Jaimini Astrology, Motital Nanarsidass Publisher.

Mahamahopadhyaya Irangantiran Gacharya, A Manual of Jaimini Astrology (made casy)

Shanker Adawal, Encyclopedia of Vedic Astrology: Dasa Systems.

Printed in France by Amazon
Brétigny-sur-Orge, FR